LA CUISINE D'AMOUR

DU MÊME AUTEUR

Alice ou le Piano des anges, Le Fil invisible, 1999.
Saveurs des Mille et Une Nuits, avec des photographies de Jean-Bernard Naudin, Le Chêne, 1993.
Les Soupers de Schéhérazade, Actes Sud, 1990.

ISBN 2-7427-2921-6

Illustration de couverture :
Renoir, *Bal à Bougival* (détail), 1883

ODILE GODARD

LA CUISINE D'AMOUR

CENT ET QUELQUES RECETTES
POUR METTRE LE CŒUR EN FÊTE

BABEL

Elle répond au rêve de notre cœur
comme à l'appétit de nos entrailles,
elle nourrit,
mais aussi, mystérieusement,
elle guérit.

JOSEPH DELTEIL, *La Cuisine paléolithique*

La gourmandise est favorable à la beauté. Ceux qui savent manger sont comparativement de dix ans plus jeunes que ceux à qui cette science est étrangère.

La gourmandise est un des principaux liens de la société. C'est elle qui étend graduellement cet esprit de convivialité *qui réunit chaque jour les divers états, les fond en un seul tout, anime la conversation et adoucit les angles de l'inégalité conventionnelle.*

BRILLAT-SAVARIN, *La Physiologie du goût*

Le premier instrument philosophique par excellence de l'homme, c'est la prise de conscience du réel par les mâchoires. J'attribue à toutes espèces de nourriture en général des valeurs esthétique et morales essentielles.

SALVADOR DALI, *Les Dîners de Gala*

AVANT-PROPOS

Encore un livre de cuisine ! direz-vous. Mais oui, pourquoi pas ? Il n'y en aura jamais assez pour témoigner de l'art de vivre d'une époque.

Des maîtres prestigieux à la cuisinière la plus modeste, en passant par ceux qui font profession de nourrir une clientèle ou ceux pour qui la cuisine n'est qu'agréable divertissement, tous, chacun à leur manière, contribuent à édifier, jour après jour, ce fonds culturel que beaucoup nous envient, l'art du bien manger.

Du célèbre Taillevent, alias Guillaume Tirel, queux de bouche de Philippe de Valois et premier queux de Charles V, que nous reste-t-il, direz-vous, sinon le premier livre de cuisine publié en France en 1375 dans une langue devenue aujourd'hui inaccessible ? Certes, et pourtant, nous n'aurions peut-être jamais percé tout le secret des sauces si Taillevent n'avait inventé les trois *dodines*.

Un siècle plus tard, c'est le très sérieux bibliothécaire du Vatican, Platine, qui publie à Rome un traité au titre significatif, *Le livre de l'honnête volupté,* pour expliquer comment concilier les plaisirs de la table avec les principes de la morale, ceux de l'esthétique aussi et du bien-être physique. Santé et plaisirs de gueule étaient à l'époque toujours associés au point que le très célèbre médecin Nostradamus ira, lui aussi, de son couplet sur *La Manière et la façon de faire toutes confitures* (1552).

Parmi les multiples apports culturels que nous devons à l'Italie de la Renaissance, l'art de la pâtisserie et de la confiserie n'est pas l'un des moindres. Antonin Carême lui donnera ses lettres de noblesse au XIXe siècle avec son *Pâtissier royal.*

Enfin, notre héritage le plus immédiat est celui de la grande cuisine bourgeoise dont les premières bases apparaissent au XVIIIe et qui s'épanouit avec le XIXe siècle. Artistes et maîtres à penser de la gastronomie se disputent la place au hit-parade de la littérature culinaire. Le nom de Grimod de la Reynière reste attaché à l'*Almanach des gourmands,* véritable répertoire, mois par mois, des meilleures recettes de l'époque (1805-1812).

Bien d'autres encore devraient être cités. Antonin Carême et son *Art de la cuisine française au XIXe siècle* (1833), Alexandre Dumas qui publie successivement un *Dictionnaire de cuisine* (1873) et des *Propos d'art et de cuisine* (1877) ou encore, plus proche de nous, Curnonsky, ce prince des gastronomes de l'entre-deux-guerres.

Dans cette ascendance prestigieuse, une place à part est réservée à Brillat-Savarin. Doté tout à la fois des qualités d'un éminent juriste et d'un tempérament d'épicurien enjoué, Brillat-Savarin devait mettre à profit les loisirs que réservait à l'époque la très sérieuse fonction de Conseiller à la Cour de cassation pour léguer à la postérité ces principes gastronomiques essentiels qui ont inspiré de nombreuses générations et restent toujours d'actualité (*La Physiologie du goût,* 1825).

Les grands maîtres d'aujourd'hui continuent d'alimenter la flamme..., cette flamme qui fait briller le regard des gourmets et des gourmands. Une race en voie de disparition ? Allons donc !

Mais alors, qu'avons-nous à faire de la *cuisine d'amour*? Tout a été dit sur la question, par des professionnels pour les professionnels, et par de merveilleux ouvrages de vulgarisation aujourd'hui à la portée de tous les amateurs.

Que le lecteur se rassure. Il ne trouvera ici qu'une seule recette, tout au plus illustrée de quelques travaux pratiques à peine dirigés...

Traiter de la cuisine d'amour prétend seulement dire qu'à une époque où l'informatique est envahissante, la vitesse supersonique, l'agitation fébrile et le surgelé triomphant lorsqu'il se fait complice du four à micro-ondes, l'art de la cuisine, cet art de l'éphémère, reste encore à la portée de tout un chacun même avec les moyens les plus modestes.

La cuisine d'amour est celle qui répond à un certain

art de vivre, indépendamment de toute autre considération. Esprit de créativité, sens de l'harmonie, goût de la fête et plaisir de partager avec ceux que l'on aime, sont ses principaux attributs. C'est toute une façon de faire, une manière d'être dans laquelle l'imagination, la fantaisie, la poésie, la tendresse aussi, ont chacune leur part. Elle se distingue ainsi tout à la fois de la cuisine familiale, cuisine quotidienne de routine, de la cuisine bourgeoise, empreinte de conformisme et de souci d'apparat, et, plus encore, de la cuisine de prestige destinée à satisfaire, en priorité, l'envie de susciter l'admiration.

Bien sûr, ce petit guide n'apprendra pas grand-chose à ceux qui pratiquent la cuisine d'amour sans le savoir. Mais n'est-il pas urgent de trouver de nouveaux amoureux de cet art qui, pour n'être pas nouveau, est menacé de disparaître ?

O.G.

LA CUISINE D'AMOUR

A portée de main, à portée de cœur, à portée de bourse, sans secret ni mystère, avec un brasero, un fourneau, une plaque autochauffante, un four à micro-ondes, au XXIe siècle comme à l'ère paléolithique, une seule recette, simple, indéfectible, toujours la même...

RECETTE DE LA CUISINE D'AMOUR

• *Rassembler, un même jour,*

une chopine pleine à ras bord de l'envie de faire plaisir à quelques convives,*
une once de gourmandise,*
quelques grains de fantaisie,*
une forte dose de concentration,
et, pour faire bonne mesure, un goût certain pour la fête, celle du palais, celle des yeux aussi, mais, plus encore, celle du cœur.

• *Feuilleter plusieurs livres de cuisine pour y puiser l'inspiration nécessaire et découvrir les différentes versions possibles d'une même recette.*

• *Composer un menu en pensant très fort à chacun des convives, à leur personnalité, leur environnement, leurs goûts, ainsi qu'à l'ambiance souhaitée.*

• *Au marché, choisir les produits de saison, après avoir vérifié la couleur du ciel et la saveur de l'air. Ecouter aussi le conseil judicieux lancé allègrement devant son étal par le marchand forain ou le boutiquier de quartier. La composition du menu devra peut-être alors être légèrement modifiée.*

• *Se mettre ensuite aux fourneaux. Faire le vide en soi, fixer intensément son attention sur l'œuvre à réaliser, mettre tous les sens en éveil, y compris le cinquième, celui qui permet de percevoir cette petite musique que secrète le silence au fond de soi.*

* *Dans l'ancien système des poids et mesures, la chopine valait la moitié d'une pinte (46 cl), l'once 1/16 de la livre (31 gr) et le grain 1/78 du gros (qui était lui-même égal au 1/8 de l'once), quantité infinitésimale connue seulement des apothicaires et des alchimistes.*

• *Et puis, tout comme l'alchimiste devant ses cornues et ses fioles, mélanger, couper, parer, émincer, saupoudrer, chauffer, bouillir, griller, rôtir, sauter, mitonner, goûter... Quand le chef-d'œuvre commence à prendre forme, l'atmosphère ambiante s'alourdit, la joie profonde est intense, l'inspiration triomphe, l'œuvre est unique. Jamais vue, jamais faite, nécessairement réussie.*

• *Avant de servir, vérifier encore l'harmonie du décor de la table avec le plat présenté, le style de la rencontre et celui des convives, puis envoyer.*

C'est alors que la fête commence. Le courant passe. La température monte. Il fait chaud au cœur.

ILLUSTRATIONS DE LA CUISINE D'AMOUR

Dans la chaleur de l'été..., Quand le printemps pointe le bout de son nez..., les copains..., jour de fête..., autant de thèmes parmi bien d'autres qui peuvent servir de prétexte à la cuisine d'amour. Le choix des recettes propres à illustrer chacun d'eux est immense. Celles qui sont proposées se veulent simples et adaptées aux produits que l'on trouve le plus facilement sur les marchés, à condition de respecter le rythme naturel des productions saisonnières. La place réservée aux sauces est volontairement limitée au mininum nécessaire en dépit de la mode qui a cours chez certains maîtres-restaurateurs.

Pour chaque thème, les recettes sont répertoriées en fonction de ce qui constitue aujourd'hui l'agencement habituel d'un repas, du moins lorsque celui-ci se veut complet. Le temps n'est plus aux tables prestigieuses où l'ordre du service imposait, comme au siècle dernier, que l'on offre successivement potage, relevé de potage, hors-d'œuvre, entrées, rôts de viande et de poisson, entremets salés et entremets sucrés, avant d'arriver au dessert proprement dit. Ainsi, de nombreux hors-d'œuvre de jadis constituent aujourd'hui à eux seuls une entrée et quelquefois même la garniture du plat unique. De la même manière, l'on ne distingue plus entremets et desserts, sauf peut-être dans certaines familles ayant de jeunes enfants où l'entremets peut tenir lieu de plat principal.

La distinction proposée entre les entrées, le plat principal, les garnitures ou accompagnements et le dessert est souvent artificielle. Toutes les variantes demeurent possibles. A chacun d'en décider en fonction du style qu'il souhaite donner au repas.

Et pour que la cuisine d'amour devienne un vrai plaisir d'artiste, il suffira de choisir dans le petit glossaire des épices et aromates en fin d'ouvrage les touches de couleur qui donnent à l'œuvre son originalité.

DANS LA CHALEUR DE L'ÉTÉ

PAIN DE COURGETTES A L'ESTRAGON

Au soir d'une journée d'été écrasée de chaleur, la fraîcheur de cette terrine couleur vert tendre donne tout de suite le ton du repas. Fraîcheur parfumée, légèreté et consistance à la fois, plaisir des yeux, n'est-ce pas tout ce qui convient pour éveiller l'appétit chez ceux qu'une rude journée de travail sous le soleil aurait quelque peu épuisés ?

Un moment de bonheur à petit prix...

Il est préférable ici de peler les courgettes et de les couper en bâtonnets qui seront cuits à la vapeur. Avec un autocuiseur, 5 minutes suffisent. On fait ensuite revenir les morceaux de courgette dans l'huile et le beurre pendant quelques minutes.

Réduire en purée, de préférence à l'aide d'un mixer, et incorporer dans la purée les œufs battus en omelette, la crème fraîche et l'estragon haché avec les feuilles de menthe, sel et poivre. Ajouter la gélatine fondue dans un peu d'eau.

Choisir un moule de forme allongée, en pyrex par exemple, que l'on enduit sur toutes ses faces d'un peu de beurre. Verser la préparation et mettre au four dans un bain-marie pendant 35 à 40 minutes.

Il est sage de laisser refroidir avant de démouler. Dresser le pain décoré d'un petit bouquet de menthe sur le plat de service.

Si l'on préfère la saveur du basilic à celle de l'estragon, les courgettes s'en accommodent fort bien.

5 ou 6 personnes

1,5 kg de courgettes, 4 œufs entiers, 10 cl de crème fraîche, 1 bouquet d'estragon, 2 feuilles de menthe, 30 g de beurre, 2 cuillerées à soupe d'huile, 4 feuilles de gélatine.

CAVIAR D'AUBERGINES

Cette mayonnaise d'aubergines emprunte au caviar sa qualité essentielle. Rarement consommée à la louche, elle se déguste plutôt en petites quantités. Servie sur canapés de pain grillé ou, plus simplement, en assiette avec un assortiment de salades, elle constitue une entrée parfaitement appropriée pour un déjeuner de plein été ou un buffet dit campagnard.

Son petit côté vacances-aux-bords-de-la-Méditerranée séduit également les citadins condamnés au béton et au bitume en plein mois d'août.

Les aubergines sont cuites au four avec leur peau jusqu'à ce que leur chair devienne complètement molle. Celle-ci se détache alors sans peine de la peau. Réduire la pulpe d'aubergine en purée à l'aide d'un mixer ou d'un moulin à légumes, puis travailler la purée comme une mayonnaise en y incorporant petit à petit l'huile d'olive.

La quantité d'huile nécessaire pour obtenir une purée parfaitement homogène dépend en fait de la taille des aubergines et de leur teneur en eau.

La saveur du caviar d'aubergines n'est que plus fine lorsqu'elle est relevée avec une pointe d'ail écrasé et, mieux encore, un peu de tapenade (voir p. 35).

7 ou 8 personnes

4 aubergines, 10cl d'huile d'olive vierge première pression, 1 gousse d'ail, 1 cuillerée à soupe de tapenade.

PAPETON D'AUBERGINES

Parmi les mille et une manières d'apprêter les aubergines, le papeton ("petite soupe, bouillie", en langue d'oc), dont la recette s'est transmise de génération en génération dans le Bas-Languedoc, est si fameux que certains ont pu prétendre, au prix de quelque raccourci phonétique hasardeux, qu'il s'agissait tout simplement de l'un des plats favoris des papes d'Avignon. Quoi qu'il en soit les aubergines trouvent ici leurs quartiers de noblesse et sont à la hauteur des exigences des plus fins gastronomes.

Le papeton est généralement servi froid en été, toujours accompagné d'un coulis de tomate. Il fait également une entrée chaude agréable. Il peut encore accompagner, cette fois sans coulis de tomate et simplement saupoudré de chapelure, une pintade rôtie ou un magret de canard grillé.

Comme toujours, les aubergines pelées et coupées doivent d'abord être mises au sel pendant une heure pour perdre leur excès d'eau. Elles sont ensuite placées dans une cocotte avec un peu d'huile et les échalotes pour mijoter doucement pendant longtemps (de 40 à 50 minutes). On peut ajouter, selon le goût, laurier, thym et ail écrasé.

Passer ensuite au mixer ou au presse-purée et incorporer la crème fraîche et les œufs entiers bien battus. Vérifier alors l'assaisonnement. Un peu de sel est peut-être nécessaire.

La cuisson se fait à four chaud, dans un bain-marie pendant 35 à 40 minutes. Le gâteau est démoulé et présenté nappé d'un coulis de tomate (voir page 38).

5 ou 6 personnes

1 kg d'aubergines, 3 œufs entiers, 10 cl de crème fraîche, 3 cuillerées à soupe d'huile d'olive, 2 échalotes, 1 gousse d'ail, 1 feuille de laurier, 1 brin de thym. *Coulis de tomate :* 2 oignons, 1 gousse d'ail, 1,5 kg de tomates, 2 cuillerées à soupe d'huile d'olive, 2 morceaux de sucre.

GASPACHO

Cette soupe froide très populaire en Espagne connaît également chez nous de nombreux amateurs au plus chaud de l'été. Déjà au XIXe siècle, le gaspacho était servi dans les grands dîners qui se voulaient teintés d'une pointe d'exotisme...

Il n'est point d'entrée plus rafraîchissante au soir d'une journée de plein été.

Des légumes mûris au soleil en pleine terre devront être préférés à tous autres. L'eau dont ils sont naturellement gorgés donne à la soupe le liquide dont elle a besoin. Les concombres pelés et coupés en fines tranches devront néanmoins être mis à dégorger au sel afin d'être plus digestes.

Peler les autres légumes avant d'écraser ensemble légumes et aromates à l'aide d'un mixer. Ajouter le jus de citron et l'huile d'olive ainsi que le pain préalablement trempé dans l'eau. Pour obtenir une soupe vraiment raffinée, on peut ensuite passer le mélange au moulin à légumes afin d'éliminer toutes les petites peaux, pépins de tomates ou grains de concombre qui auraient pu subsister. Vérifier l'assaisonnement et mettre au frais pendant au moins 12 heures avant de servir.

Le gaspacho est servi dans des bols individuels. Il peut être accompagné de céleri coupé en petits dés, d'oignons émincés finement, de petits croûtons, etc., dont chaque convive se sert selon son goût.

6 personnes

5 belles tomates bien mûres, 1 concombre, 1 grosse échalotte fraîche, 1 beau poivron rouge, ¼ de baguette de pain (ou chapelure), 1,5 citron, 2 gousses d'ail, persil, estragon, basilic, sauge fraîche, ½ verre d'huile d'olive vierge première pression, marjolaine.

RATATOUILLE FROIDE

Un tantinet méprisée, ne serait-ce que par les livres de cuisine où elle trouve rarement place, cette composition de légumes longuement mijotés mérite pourtant les égards dus à un véritable plat cuisiné. Entre un banal ragoût d'aubergines, de courgettes et de tomates et une purée moelleuse, fondante, harmonieusement composée, il y a tout le savoir-faire de l'artiste devant ses fourneaux. Le secret... il est ici dans la façon de cuire chaque légume à sa juste mesure. Affaire d'intuition et de soins vigilants plutôt que de minuteur culinaire !

Ainsi parfaitement réussie, la ratatouille n'est plus ce vocable péjoratif symbole de mauvaise cuisine, mais le titre d'un véritable poème culinaire célébrant les senteurs et les saveurs de l'été.

Chacun des légumes composant la ratatouille obéit à des règles de cuisson qui lui sont propres, étant donné la quantité d'eau différente que ceux-ci contiennent. Toute la difficulté consiste précisément à ce que cette eau s'évapore suffisamment pour libérer le parfum de chaque plante mais pas trop malgré tout pour que les morceaux de légumes restent parfaitement fondants.

Les aubergines coupées en morceaux évacueront leur trop-plein d'eau en étant d'abord mises au sel, comme il est de règle, pendant 20 à 30 minutes. Elles peuvent ensuite être mises à cuire doucement dans une sauteuse avec huile d'olive et feuille de laurier. La cuisson est prolongée jusqu'à ce que chaque morceau ait réduit d'au moins la moitié de son volume.

Pour les courgettes, l'opération est un peu plus longue. Une fois mises dans une cocotte avec un peu d'huile d'olive et la moitié des oignons émincés elles rendent généralement une grande quantité d'eau. La cuisson séparée doit être poursuivie jusqu'à évaporation complète de l'eau. A mi-cuisson, on peut y ajouter les poivrons coupés en lanières.

Les tomates, enfin, ont un rôle essentiel, celui de lier tous les légumes ensemble. Il est préférable de commencer à les faire cuire à part, pelées et épépinées, ceci dans une sauteuse où l'on aura fait juste blondir le reste des oignons avec un peu d'huile. On peut ajouter deux morceaux de sucre pour enlever un peu de son acidité à la tomate. Lorsque les tomates ont perdu une partie de leur eau, mettre ensemble tous les légumes dans une grande cocotte. Ajouter ail écrasé, piments, marjolaine, thym, laurier et sel.

A partir de ce moment-là, il faut compter au moins 30 minutes de cuisson à tout petit feu pour que le mélange s'opère parfaitement et devienne tout à fait onctueux.

Servie froide, la ratatouille ouvre l'appétit même au plus chaud de l'été.

10 personnes

1 kg d'aubergines, 1 kg de courgettes, 500 g d'oignons, 1 poivron vert, 1 poivron rouge, 1,5 kg de tomates, 3 gousses d'ail, thym et laurier, 2 piments forts, ½ cuillerée à café de marjolaine, 1 dl d'huile d'olive vierge, 2 morceaux de sucre (facultatif).

Notes personnelles :

SALADES MÉDITERRANÉENNES

Dans la nourriture traditionnelle de toutes les populations du bassin méditerranéen, les légumes secs occupent une large place. Partout ailleurs, ils semblent en revanche avoir été peu à peu délaissés au profit de nourritures plus sophistiquées, sauf peut-être par les amateurs de "cuisine verte" qui redécouvrent leurs propriétés diététiques.

Lentilles, pois chiches et haricots blancs en salade méritent pourtant quelque attention. Dès que l'été approche, ces salades dont les saveurs se combinent parfaitement font de fort agréables entrées en matière. Elles peuvent même constituer l'un des centres d'intérêt d'une table-buffet garnie de tout un assortiment de mets froids.

Le principe de cuisson est à peu de chose près identique dans tous les cas. Dans un premier temps, le trempage à l'eau froide pendant quelques heures est recommandé, en ajoutant une pincée de bicarbonate de soude pour les pois chiches et les haricots blancs lorsque l'eau utilisée est riche en calcaire. Pour ces derniers, il est conseillé en outre de procéder au blanchissage, c'est-à-dire de jeter la première eau de cuisson dès la prise d'ébullition et de couvrir à nouveau avec de l'eau, bouillante cette fois.

Après le trempage, la cuisson se fait à l'eau froide utilisée en grande quantité. Un assaisonnement approprié de l'eau de cuisson permet d'affiner la saveur de chacun des légumes. Ainsi, pour les pois chiches on ajoute deux gousses d'ail non épluchées et une feuille de laurier, tandis que les lentilles affectionnent plus particulièrement un oignon piqué de deux ou trois clous de girofle. Pour les haricots blancs, un bouquet garni convient parfaitement.

Dès la fin de la cuisson, chaque légume doit être soigneusement égoutté et arrosé aussitôt d'un filet d'huile. Servir avec une vinaigrette, ou mieux encore, une sauce à l'anchoïade (voir p. 34). Parmi les garnitures susceptibles d'agrémenter la présentation de la salade et d'en relever le goût, l'oignon blanc frais finement émincé convient aux pois chiches et aux lentilles, tandis que les haricots blancs s'accommodent mieux de persil haché.

On compte une heure de cuisson à l'autocuiseur pour les pois chiches, 45 minutes pour les haricots et 15 minutes pour les lentilles.

10 personnes

500 g de pois chiches, 500 g de lentilles vertes du Puy, 500 g de cocos blancs, 2 gousses d'ail, 1 gros oignon, 1 oignon frais, 2 clous de girofle, bouquet garni, feuilles de laurier, persil, huile d'olive (de préférence).

Notes personnelles :

TERRINE DE LAPIN

Le lapin cuit en terrine conserve, lorsqu'il est refroidi, une chair moelleuse et parfumée qui le fait apprécier tout particulièrement en été. La terrine, une fois démoulée, se donnerait presque des airs de grande cuisine avec son enveloppe de gelée dorée... Un succès obtenu à peu de frais si l'on en juge par l'économie de temps et de moyens que requiert la préparation. Mieux encore, la terrine peut être faite à l'avance et attendre ainsi plusieurs jours au frais le moment opportun d'être servie.

Il faut disposer d'une grande terrine en terre à feu dont on tapisse le fond et les parois avec les tranches de lard maigre. Mettre sur le fond 3 feuilles de laurier et disposer ensuite les morceaux de lapin aussi serrés que possible les uns au-dessus des autres. Au fur et à mesure du remplissage, ajouter par couches successives le hachis d'oignon, persil et ail assaisonné de sel, poivre, muscade, genièvre et sarriette. Couvrir avec le vin et laisser mariner si possible pendant 12 heures.

Pour la cuisson, couvrir la terrine avec son couvercle dont on collera le bord aux parois avec un peu de farine additionnée d'eau. Cuire à feu très doux dans un bain-marie au four pendant 2 h 30. Si tout le vin n'a pu être mis au départ sans risquer de déborder pendant la cuisson, il convient de le rajouter petit à petit au fur et à mesure que le liquide s'évapore en cuisant.

Au sortir du four, laisser refroidir un moment avant de retirer tous les os. Cette opération, pas très difficile à réaliser, est indispensable si l'on veut obtenir une terrine présentable et facile à découper en tranches. Il suffit, une fois que tous les os ont été retirés, de bien aplatir la chair de lapin avec une fourchette. Ajouter alors un peu de gelée liquide de sorte qu'elle couvre entièrement le lapin.

Laisser refroidir complètement avant de mettre la terrine au réfrigérateur.

6 personnes

1 beau lapin, 6 tranches fines de lard maigre, ½ l de vin blanc sec, 2 gros oignons blancs, 2 gousses d'ail, 1 petit bouquet de persil, 3 feuilles de laurier, 2 brins de sarriette, muscade, 10 baies de genièvre, ½ l de gelée.

Notes personnelles :

ROGNONS GRILLÉS

La mode des grillades au feu de bois que l'on fait en plein air pendant la saison d'été est si répandue qu'il n'est pas de vrais souvenirs de vacances sans quelque joyeuse réunion autour d'un barbecue. Côtelettes d'agneau ou de porc, petites saucisses, brochettes font les grillades les plus en vogue. Mais pense-t-on quelquefois à mettre aussi sur le gril des rognons d'agneau simplement ouverts par le milieu ?

Certes, le rognon d'agneau est trop petit pour nourrir son homme et si l'assistance est nombreuse il risque d'en coûter un peu cher. La finesse du rognon cuit sur la braise exige qu'on lui réserve au moins la place d'un intermède. Pour palais délicats, exclusivement.

On divise chaque rognon en deux dans le sens de la longueur. On badigeonne les deux faces d'huile additionnée de quelques miettes de thym et de poivre et on pose sur le gril.

Tourne-retourne, le rognon bien saisi est cuit en moins de temps qu'il n'en faut pour le dire.

On peut dans le même temps mettre également sur le gril quelques tomates coupées en deux qui, lorsqu'elles sont rôties à point, font un excellent accompagnement.

6 personnes

1 ou plusieurs rognons d'agneau par personne, 2 cuillerées à soupe d'huile, 2 brins de thym, poivre.

THON GRILLÉ RÉMOULADE

Riche en éléments nutritifs et en vitamines, mais compact et huileux, le thon est souvent délaissé au profit de quelque autre mammifère terrien à viande rouge, sous prétexte qu'il serait par trop indigeste. En réalité, ces reproches tombent lorsque le thon est servi grillé sur la braise et accompagné d'une sauce rémoulade qui apporte à la chair du poisson le moelleux nécessaire. Sans prétendre comparer le thon au saumon, on constatera seulement que ces deux poissons, à chair compacte et grasse, s'accommodent souvent de la même manière. S'il en est ainsi, pourquoi le thon ne serait-il pas le saumon des jours ordinaires ?

Avant de placer les tranches de thon sur le gril, il est préférable de les faire mariner une petite heure avec huile, sel, oignon émincé, persil haché et une branche de thym.

Sur la braise, à condition qu'elle ne soit pas trop vive, la graisse du poisson s'écoule peu à peu jusqu'à ce que la cuisson soit à point.

Servir chaud, accompagné de la rémoulade en saucière.

La sauce rémoulade est une mayonnaise dans laquelle on ajoute, au dernier tour de batteur, les filets d'anchois dessalés et réduits en purée, les câpres, les cornichons finement émincés et un peu de persil haché.

6 personnes

2 belles tranches de thon frais, 1 oignon, 1 jaune d'œuf, 30 cl d'huile, 1 cuillerée à soupe de câpres, 2 anchois au sel, 5 ou 6 cornichons, 1 cuillerée à café de moutarde forte, 1 bouquet de persil, 1 brin de thym.

ROUGETS AU BEURRE D'ANCHOIS

Jour après jour plus rare, le petit rouget barbet que l'on pêche encore sur certains fonds rocheux de Méditerranée se doit d'être traité le plus simplement possible par qui souhaite en goûter toute la saveur originale. Grillé, de préférence non vidé, c'est ainsi qu'il est le meilleur. Si l'on devait, par nécessité absolue, transgresser l'interdit du célèbre cuisinier Carême, pour qui "le rouget, comme la bécasse, ne se vide pas", ce poisson de roche à la chair particulièrement fine n'en conserverait pas moins une grande partie de son attrait.

Un accompagnement de beurre d'anchois ajoute une note raffinée parfaitement en accord avec la saveur forte du rouget.

On choisira de belles femelles. Reconnaissables à leur grande taille, elles ont, comme il se doit, un parfum plus subtil. Sans les écailler ni les vider, il suffit de les badigeonner d'un peu d'huile avant de les poser sur le gril. Tourne-retourne, la cuisson doit être menée promptement pour éviter que la chair du poisson ne dessèche.

Pour préparer le beurre d'anchois, il est préférable de disposer de beurre ramolli à température ambiante. Les anchois, lavés et débarrassés de leurs arêtes, sont réduits en purée avant d'être malaxés longuement avec le beurre à l'aide d'une fourchette. Mettre en saucière un moment au frais avant de servir.

6 personnes

6 beaux rougets barbets, 100 g de beurre, 6 anchois au sel.

Notes personnelles :

ANCHOÏADE

Les Méditerranéens ont le secret des nourritures qui se mangent avec plaisir, même par les plus fortes chaleurs. Héritage de la Grèce antique...

Légère et parfumée, la sauce à l'anchois est un accompagnement privilégié pour consommer tous les légumes frais de saison, crus ou cuits selon la préférence. Carottes, haricots verts, chou-fleur, artichauts, fenouil, tomates, salade verte, présentés dans une grande corbeille, font un bel assortiment que l'on peut compléter à loisir avec des œufs durs et un petit pot de tapenade.

Ainsi composée, l'anchoïade devient un repas complet, léger et savoureux pour un dimanche d'été ou de printemps, qui ne requiert que peu de présence en cuisine.

La préparation de la sauce se fait en principe à la dernière minute pour que, servie encore tiède, elle donne le meilleur de son parfum. Il faut dessaler les anchois à l'eau froide et les débarrasser de leurs arêtes. Mettre ensuite les filets d'anchois dans une petite casserole sur le feu, sans une goutte d'eau. L'opération consiste à chauffer doucement jusqu'à ce que les anchois se transforment en une véritable pâte homogène. A partir de ce moment-là, toujours sur le feu, incorporer petit à petit l'huile jusqu'à ce qu'elle soit complètement mélangée avec la pâte d'anchois. Eviter de laisser fumer l'huile, celle-ci ne doit surtout pas cuire. On peut ajouter alors l'ail écrasé qui, lui non plus, ne doit pas cuire mais simplement chauffer. Certains préféreront peut-être écarter l'ail. Il faut savoir néanmoins que son parfum se combine parfaitement à celui de l'anchois et ajoute à la sauce la note qui convient.

Lorsque la sauce est prête, garder au chaud dans un bain-marie placé à feu très doux.

6 personnes

35 cl d'huile d'olive vierge première pression, 14 anchois au sel, 2 gousses d'ail, 1 pot de tapenade*.

* La tapenade est une purée faite d'olives noires, d'anchois et de câpres que l'on trouve toute préparée dans le commerce.

Notes personnelles :

AUBERGINES ROYALES

L'art d'accommoder les aubergines est sans limite. Chacun a le sien et les aubergines se prêtent admirablement à toutes les épreuves d'artistes culinaires, des plus simples aux plus sophistiquées, sans jamais rien perdre de leur saveur originale. Les aubergines frites présentées ici avec un accompagnement de sauce blanche et de purée de tomates fraîches méritent l'appellation de royales, tant il est vrai qu'une préparation soigneusement élaborée est digne d'honorer les meilleures tables. Plus modestement, le plaisir de régaler quelques convives privilégiés peut suffire pour qu'on entreprenne la confection de ce plat dont la réalisation est malgré tout assez longue.

Avant de faire frire les aubergines, celles-ci doivent être coupées en tranches et mises au sel pendant une bonne demi-heure. La friture se fait ensuite de préférence en bassine d'huile bien chaude mais non fumante. Quelques instants suffisent pour que les tranches d'aubergines prennent une couleur blonde. Elles ne doivent surtout pas noircir sur les bords.

Il est très important de bien faire égoutter les aubergines frites sur du papier absorbant, si possible pendant plusieurs heures ou même une nuit entière.

Préparer par ailleurs une béchamel avec lait, farine et beurre, dans laquelle on ajoute un peu de noix de muscade râpée et l'ail écrasé.

De la même manière, préparer à part la purée de tomates en faisant longuement réduire les tomates avec l'oignon, les morceaux de sucre, le thym et le laurier dans l'huile d'olive. La purée doit rester assez épaisse pour ne pas se mélanger avec la sauce blanche.

Lorsque tous ces préparatifs sont achevés, prendre un plat en porcelaine ou en terre. Disposer les aubergines frites en couches successives. Ajouter la sauce blanche en la faisant bien pénétrer jusqu'au fond du plat.

Déposer sur le dessus la purée de tomates que l'on peut avoir préalablement passée au tamis pour la débarrasser des peaux des tomates.

Mettre au four pendant 10 à 15 minutes et servir aussitôt.

6 personnes

1,5 kg d'aubergines, huile de friture, ½ l de lait, 4 cuillerées à soupe de farine, 30 g de beurre, noix de muscade, 2 gousses d'ail, thym, laurier, 700 g de tomates fraîches, 1 gros oignon, 2 morceaux de sucre, 2 cuillerées à soupe d'huile d'olive.

Notes personnelles :

AUBERGINES SUR LE GRIL

Dans le passé, mises au rang de simple hors-d'œuvre destiné à ouvrir l'appétit, les aubergines ainsi préparées méritent d'être traitées avec plus de considération par qui sait en apprécier la saveur.

C'est au plus fort de l'été que l'aubergine est au mieux de sa forme lorsque son parfum est exalté par le soleil qui l'a mûrie. Encore faut-il choisir des aubergines fraîchement cueillies. Celles-ci sont reconnaissables à leur couleur violette éclatante et au satiné de leur robe.

Une fois opéré ce choix délicat sur le marché, tout se passe très vite. Il suffit de couper les aubergines en deux dans le sens de la longueur et de les disposer dans un plat où elles devront mariner, pendant au moins une demi-heure, avec sel, poivre, ail écrasé et huile d'olive. Une bonne braise est alors prête pour les recevoir. En quelques minutes, la peau se chiffonne, la chair devient moelleuse, les aubergines sont à point.

Avant de servir, ne pas négliger d'arroser la grillade dans le plat avec la marinade et de saupoudrer de persil haché.

Selon l'usage auquel les aubergines sont destinées, il peut être savoureux de les servir accompagnées d'un coulis de tomate. La préparation d'un coulis peut paraître un peu longue mais le résultat obtenu comble largement les espérances. Dans un premier temps, les tomates coupées en quartiers et les rondelles d'oignons doivent réduire dans la poêle à petit feu. Un ou deux morceaux de sucre pourront être utilement ajoutés pour combattre l'acidité de la tomate. La réduction ainsi obtenue est passée au moulin à légumes, puis remise sur le feu jusqu'à ce que l'on obtienne une crème ni trop épaisse, ni trop liquide.

6 personnes

6 aubergines, 2 gousses d'ail, 1 petit verre d'huile d'olive, 1 bouquet de persil, 1 kg de tomates et 1 oignon pour le coulis.

Notes personnelles :

TOMATES A L'ÉTUVÉE

Ce fruit charnu, pulpeux, ni trop acide, ni trop sucré, d'un rouge éclatant — la couleur du bonheur ! —, dans lequel on a envie de croquer à belles dents et que l'on appelait jadis pomme d'amour appartient-il lui aussi désormais au domaine de la légende comme la fameuse pomme d'or du Jardin des Hespérides ?

En réalité, les tomates sont fruits de la patience et d'un long mûrissement au soleil. Elles demandent seulement sous nos latitudes que l'on attende le milieu de l'été pour se révéler sous leur vrai jour. Accommodées alors avec une pointe d'ail et un brin de thym, les tomates de plein champ redeviennent ce légume exquis que l'on sert pour accompagner les grillades de l'été.

Il convient donc de choisir de belles tomates bien rouges auxquelles on enlèvera une petite calotte de chair, celle toujours un peu dure où est implanté le pédoncule.

Dans une grande sauteuse, ranger les tomates bien serrées les unes contre les autres et mettre dans l'orifice supérieur un tout petit peu d'ail écrasé, quelques miettes de thym et du sel. Arroser d'huile d'olive et faire cuire à tout petit feu avec un couvercle pendant au moins 20 minutes. Lorsque les tomates ont bien rendu leur eau et que leur peau commence à se plisser, découvrir, ajouter selon le goût 1 ou 2 morceaux de sucre et un peu de poivre et mettre à feu vif le temps nécessaire pour qu'il ne reste plus dans le fond de la sauteuse qu'une sauce onctueuse. Si l'on préfère une saveur plus parfumée, on peut faire blondir des lamelles d'oignon quelques instants dans la sauteuse avant d'y mettre les tomates.

Soucieuses d'une présentation raffinée, nos grands-mères mettaient, avant de servir, un peu de chapelure dans l'orifice de chaque tomate qu'elles passaient alors pendant deux minutes au gril.

6 personnes

10 tomates, 3 cuillerées à soupe d'huile d'olive vierge, 1 gousse d'ail, 1 brin de thym, 1 ou 2 morceaux de sucre, 1 oignon (facultatif), chapelure (facultatif).

Notes personnelles :

PÊCHES A L'ANCIENNE

Il n'était point dans le passé de bonne table qui ne présente un ou deux compotiers garnis de fruits frais pochés dans un sirop de sucre. La manière d'accommoder ainsi en compote *toutes sortes de fruits frais retrouve de nouveaux adeptes depuis que l'on met sur les marchés des fruits qui, bien souvent, n'ont pas eu le temps de mûrir à point sur l'arbre.*

Inutile de rechercher ces qualités de pêche qui avaient pour noms la pêche Madeleine, la Mignone, la Pourprée, la d'Andilly, la Belle-garde et bien d'autres encore. Les grosses pêches-abricot à chair jaune se prêtent parfaitement à cette préparation propre à mettre en valeur leur arôme délicat.

On choisira de belles pêches qui peuvent même être assez fermes. Le sirop où elles devront être pochées est préparé avec l'eau et le sucre que l'on fait bouillir doucement pendant plusieurs minutes.

Lorsque le sirop est prêt, on le verse additionné d'eau de fleur d'oranger dans une grande casserole pouvant contenir toutes les pêches. Celles-ci sont mises alors entières et non pelées. Remettre à feu très doux et laisser juste frémir pendant 5 à 7 minutes selon le degré de maturité des fruits. La pulpe de la pêche doit s'amollir très légèrement pour que le fruit reste entier et ferme.

On retire du feu et on laisse les pêches refroidir dans la casserole couverte. Elles rendent alors du jus qui donne son arôme au sirop.

Dresser les pêches avec leur sirop, comme il se doit, dans un compotier de verre à l'ancienne et mettre au frais avant de servir.

On peut encore avant de servir recouvrir les pêches d'une purée de framboises additionnée de sucre glace. On obtient alors la célèbre pêche Cardinal.

6 personnes

6 belles pêches, 250 g de sucre, 30 cl d'eau, 1 cuillerée à soupe d'eau de fleur d'oranger.

Notes personnelles :

TARTE AUX ABRICOTS

La saison des abricots, comme celle des cerises, est de courte durée. Ces fruits frais n'en sont que plus appréciés au sortir d'une longue période où l'on a coutume de les consommer en conserve. Certaines années — une sur trois, disent les agriculteurs — il y a surproduction. Les cours s'effondrent. Les abricots s'amoncellent sur les marchés. C'est le moment privilégié pour faire des confitures, certes, mais mieux encore, des tartes à déguster tout de suite. Un dessert qui ne manque pas de classe.

La réalisation d'une pâte à tarte, dite pâte brisée, ne présente aucune difficulté particulière pour qui veut bien respecter scrupuleusement les proportions de farine et de beurre et laisser, ensuite, reposer la pâte pendant au moins une heure avant de l'utiliser.

En revanche, le secret d'une bonne tarte est dans la finesse de la pâte. Celle-ci doit donc être étalée avec le maximum de soins, de préférence sur une surface froide qui empêche ainsi le beurre de ramollir. Pour faire glisser plus aisément la pâte dans le moule sans risquer de la briser, il suffit de renverser au-dessus du moule le support sur lequel la pâte est étalée.

Sur le fond de tarte ainsi préparé, répartir le beurre coupé en petits morceaux. Les oreillons d'abricots frais sont ensuite disposés à bouchon, le plus serrés possible les uns contre les autres. Saupoudrer de sucre et enfourner à four chaud pendant 25 à 30 minutes, selon le degré de maturité des abricots.

Pendant ce temps, mettre la confiture sur le feu dans une petite casserole avec un peu d'eau jusqu'à ce qu'elle se transforme en un liquide très fluide. Verser ce liquide sur les abricots et remettre au four 10 minutes. Avant la fin de la cuisson, on peut saupoudrer à nouveau les abricots de sucre et mettre 2 minutes au gril pour faire caraméliser.

6 personnes

Pour la pâte : 200 g de farine, 100 g de beurre, 1 pincée de sel, ½ verre d'eau.

Pour la garniture : 750 g d'abricots, 20 g de beurre, 3 cuillerées à soupe de confiture d'abricots, 50 g de sucre en poudre.

Notes personnelles :

SORBET AUX FRAISES

Sa consistance est celle d'une crème glacée, sa couleur celle de la fraise écrasée, son parfum celui des fruits fraîchement cueillis... En deux mots comme en cent, le sorbet aux fraises est un merveilleux dessert.

Sans prétention mais raffiné, propre à satisfaire aussi bien les fantaisies de la gourmandise que les exigences de la diététique, il convient sur toutes les tables et pratiquement en toute saison. Les premiers jours de l'été sont bien sûr la période où il triomphe. C'est l'époque où les paniers de fraises débordant de fruits déjà presque trop mûrs embaument les marchés.

La préparation est simple et rapide dès l'instant où l'on dispose de fraises bien mûres équeutées. 3 petits tours de mixer et la pulpe de fruits est prête. Il suffit d'y ajouter le jus de citron, puis le sirop fait avec l'eau, le sucre et le zeste de citron. Le sirop devra avoir préalablement bouilli pendant 1 à 2 minutes et être refroidi.

Le mélange est versé dans la sorbetière que l'on installe dans le compartiment à glace du réfrigérateur. Si l'on souhaite une présentation soignée du sorbet, il convient de le transvaser dans un moule à glace avant qu'il ne soit complètement pris, c'est-à-dire après environ une heure de travail en sorbetière. Un nouveau séjour dans le compartiment à glace du réfrigérateur est alors nécessaire.

Pour démouler plus facilement, il suffit de tremper le fond du moule quelques secondes dans l'eau chaude. Décorer le sorbet avec quelques fraises entières et servir aussitôt. Un petit panier garni de tuiles aux amandes fraîches peut être présenté en guise d'accompagnement.

6 personnes

700 g de fraises, 1/3 de l d'eau, 300 g de sucre en poudre, 1 citron.

CAFÉ GLACÉ

Il était servi jadis au jardin avec les rafraîchissements pendant la soirée qui suivait un dîner à grand service.

La mise en scène a disparu. Le café glacé conserve néanmoins toutes les qualités qui le font apprécier, particulièrement l'été, à la fin d'un repas. Il pourra même tenir lieu de dessert lors d'un buffet froid ou d'un dîner campagnard.

Pour conserver tout son arôme, le café glacé doit être préparé avec un café très fort. Celui-ci est mélangé avec le lait que l'on aura préalablement fait bouillir avec le sucre et la vanille.

La crème fraîche doit, elle aussi, être d'excellente qualité. Bien la diluer pour éviter qu'elle ne fasse des grumeaux avant de la mélanger au café.

Mettre le tout dans le compartiment à glace du réfrigérateur, si possible pendant 12 heures.

Servir avec des glaçons dans des grands verres à pied.

10 à 12 personnes

1 l de café très fort, 1 l de lait frais, 300 g de sucre, 1 gousse de vanille, 500 g de crème fraîche.

Notes personnelles :

CONFITURE D'ABRICOTS

Confiture maison, un vocable qui à lui seul véhicule tout un cortège d'images faites de grande bassine fumante, d'écume sucrée mise de côté pour le goûter des enfants, de pots étiquetés alignés en rangs serrés sur une étagère de la cuisine, etc., etc. Pourquoi se priver du plaisir de faire soi-même la confiture d'abricots lorsque l'on a la chance de se trouver en vacances au début du mois de juillet ? C'est là que les abricots sont au mieux de leur forme.

La recette dont l'illustre Nostradamus a révélé le secret dans son Traité des confitures *et qui, dit-il, est issue d'une longue tradition orale venue d'Italie ou de plus loin encore convient parfaitement aux abricots. Elle permet d'obtenir des fruits véritablement confits dans le sucre qui gardent ainsi toute leur saveur et leur consistance.*

La préparation la plus importante, et la plus longue aussi, est celle du sirop de sucre dans lequel les fruits sont ensuite jetés pour y être ''confits''. Il convient de respecter rigoureusement la proportion d'un quart de litre d'eau par kilo de sucre. La cuisson du sirop se fait à grand feu jusqu'à ce que le sucre parvienne au stade de ce qu'il est convenu d'appeler ''le petit boulé''. Il en est ainsi lorsque le sucre forme une boule molle que l'on peut rouler entre les doigts. Pour éviter de se brûler, il est conseillé de tremper les doigts dans l'eau froide avant de prendre un peu de sirop entre le pouce et l'index. Si l'on dispose d'un pèse-sirop, le petit boulé est atteint entre 109 et 115° C. La durée de cuisson du sirop dépendra en fait de la quantité de sucre nécessaire, compte tenu du poids net d'abricots que l'on entend mettre en confiture.

Dès que le sirop est cuit au petit boulé, on peut y jeter les oreillons d'abricots. Laisser cuire jusqu'à ce qu'ils deviennent translucides. L'écume jaune qui apparaît à la surface de la bassine en début de cuisson doit être soigneusement retirée avec une écumoire. Veiller également à ce que la confiture n'accroche pas au fond de la bassine comme elle peut être tentée de le faire.

Dès que la confiture est prête, jeter quelques amandes qui auront été retirées des noyaux d'abricots. Elles ajoutent un léger parfum d'amande amère qui convient tout à fait à la confiture d'abricots.

La confiture est mise en pot alors qu'elle est encore bouillante. En fermant aussitôt les pots, on obtient un effet de vide qui permet une meilleure conservation.

Sirop : ¼ l d'eau par kilo de sucre.

Confiture : 700 g de sucre par kilo d'abricots net.

Notes personnelles :

HIVERNALES

CHÈVRES SUR CANAPÉ

Cette façon originale, mais plus tout à fait nouvelle, de consommer le fromage de chèvre lorsqu'il n'est pas encore trop fort, c'est-à-dire pendant l'hiver, réserve généralement de grandes joies. En cuisine, d'abord, où la préparation du plat ne requiert que quelques minutes. A table aussi, où les vrais amateurs pourront ainsi savourer un de leurs fromages préférés dès le début du repas avec le plus bel appétit.

Un accompagnement de tomates longuement mijotées avec des oignons peut également être envisagé. Le parfum du fromage y perd de son intensité. En revanche, les canapés de chèvre deviennent un véritable plat complet susceptible d'être apprécié par tous, y compris par ceux que rebuterait la saveur forte du fromage.

Choisir des petits fromages d'excellente qualité, qui ne sont ni trop secs, ni trop moelleux. Les couper en deux dans le sens de l'épaisseur et les poser, sur une tranche de pain grillé, dans un plat en terre. Il ne reste plus qu'à recouvrir les fromages de sarriette émiettée et à les napper avec la crème fraîche. Celle-ci ne doit être ni trop épaisse, ni trop liquide.

La cuisson se fait en deux temps. Le plat est d'abord mis à four moyen pendant le temps nécessaire pour que la pâte du fromage ramollisse bien et commence à fondre. Lorsqu'elle commence à couler, allumer le gril et faire gratiner 3 minutes. Servir aussitôt.

L'accompagnement de tomates exige une préparation un peu plus longue. Il faut d'abord faire fondre, dans une sauteuse, l'oignon émincé avec l'huile jusqu'à ce qu'il commence à blondir. On ajoute alors les tomates, de préférence pelées et coupées en quartiers, avec sel, poivre et sucre. Le tout doit mijoter pendant une grande demi-heure pour donner une purée fondante.

Lorsque la préparation de tomates et d'oignons est prête, il suffit de la disposer dans le plat autour des canapés de chèvre et de procéder ensuite, pour la cuisson des fromages, comme cela vient d'être indiqué.

4 personnes

4 fromages de chèvre, 8 tranches de pain grillé, 30 cl de crème fraîche, 4 brins de sarriette.

Purée de tomates (facultatif) : 1 kg de tomates, 1 gros oignon, 2 cuillerées à soupe d'huile d'olive, 1 morceau de sucre.

Notes personnelles :

FLAN AUX CREVETTES

Une entrée rose dans la grisaille d'un soir d'hiver. Les humeurs chagrines n'y résisteront pas longtemps...

Nappés d'une mayonnaise légère et parfumée, les morceaux de crevettes font avec la crème moelleuse du flan une composition particulièrement fine, savoureuse, fondante.

On préparera à l'avance le flan aux œufs qui doit être servi bien frais. Faire bouillir le lait et le verser aussitôt sur les œufs entiers battus en omelette. Ne pas cesser de battre tant que le mélange n'est pas terminé. Saler et poivrer suffisamment pour relever la fadeur de la crème aux œufs. On verse alors la crème dans des ramequins individuels qui sont mis à cuire au four dans un bain-marie d'eau bouillante. Pour éviter que l'eau, en bouillant, ne projette des gouttes dans la crème, mettre au fond du plat de bain-marie un papier d'aluminium avant d'y poser les petits moules. Couvrir le tout, ce qui permettra une cuisson plus homogène.

Lorsque les flans sont prêts, ils sont mis à refroidir dans les ramequins pour n'être démoulés qu'au moment de servir.

Par ailleurs, on aura décortiqué les crevettes qui peuvent éventuellement être présentées coupées en petits cubes.

Enfin, la sauce est préparée en mélangeant une bonne mayonnaise additionnée d'un filet de citron vert, avec la sauce ketchup. Celle-ci devra être mise en quantité suffisante pour parfumer la mayonnaise sans pour autant la rendre trop liquide. La sauce doit rester onctueuse.

Au moment de servir, démouler les ramequins sur le plat de service, mettre les morceaux de crevettes dans la sauce et napper chaque flan avec la sauce.

6 personnes

12 grosses crevettes roses, 1 l de lait, 8 œufs, 3 cuillerées à soupe de sauce ketchup.

Pour la mayonnaise : 1 jaune d'œuf, 25 cl d'huile vierge, 1 cuillerée à café de moutarde au poivre, 1 citron vert.

Notes personnelles :

CRÈME DE POTIRON

Comme un éclat de soleil illuminant la table un soir d'hiver ! La superbe teinte orangée de ce potage fait chaud aux yeux. Velouté et saveur subtile du potiron réjouissent le cœur. Et en prime, le fantasme du carrosse de Cendrillon.

Comment peut-on encore résister à l'envie de préparer un potage au potiron dès que les premières citrouilles font leur apparition sur le marché ?

Dans le fond d'une marmite, on met un peu d'huile pour y faire revenir d'abord l'oignon émincé, puis le potiron coupé en petits cubes, pendant quelques minutes. L'oignon doit à peine blondir. On ajoute alors les morceaux de pommes de terre, la gousse d'ail écrasée et 1,5 litre d'eau froide, sel, poivre, clous de girofle.

Le potiron est assez vite cuit mais les pommes de terre exigent 15 minutes environ à l'autocuiseur.

Au sortir du feu, quelques tours de mixer dans la marmite transforment le potage en une crème onctueuse. Au moment de servir, ajouter crème fraîche ou lait et saupoudrer de persil haché.

Si l'on a pris soin d'évider le potiron en retirant toute la pulpe par un orifice découpé en forme de couvercle, il est possible d'utiliser l'écorce du potiron en guise de soupière, après l'avoir passée quelques instants au four. Une présentation qui ne manque pas de poésie.

6 personnes

1,2 kg de potiron (rouge de préférence), 3 pommes de terre moyennes, 1 oignon, 1 dl de crème fraîche ou ¼ de l de lait, 2 cuillerées à soupe d'huile, 2 clous de girofle, 1 gousse d'ail, persil.

SOUPE AUX CHOUX

Son côté rustique et repas-quotidien-du-pauvre-laboureur lui a valu, au fil des ans, la défaveur puis quasiment l'oubli de la part des gens des villes. Mais voilà qu'on redécouvre les vertus des légumes verts, celles du chou comme de bien d'autres, et aussi leur saveur.

Veloutée grâce à l'usage du mixer, un tantinet sucrée, parfumée juste ce qu'il faut et accompagnée parfois de petites tranches de saucisson cuit, la cuvée fin de XXe siècle de la soupe aux choux est en passe de figurer sur quelques bonnes tables.

Le même procédé que celui adopté pour le velouté de légumes ou la crème de potiron convient parfaitement à la préparation de la soupe aux choux (voir p. 56). La cuisson est toutefois un peu plus longue. Il faut bien compter une demi-heure à l'autocuiseur, pour le chou comme pour le saucisson. Lorsque la soupe est cuite, donner quelques tours de mixer et couper le saucisson en tranches fines qui nageront à la surface de la soupière.

6 personnes

1 beau chou vert, 3 pommes de terre moyennes, 1 oignon, 1 petit saucisson à cuire, 2 cuillerées à soupe d'huile, 5 ou 6 baies de genièvre, 1 gousse d'ail.

LAPIN AUX PRUNEAUX

Ni gibelotte, ni matelote, cette préparation plus raffinée à base de pruneaux trempés dans du cognac séduira les amateurs de mélanges sucré-salé. En cuisine, elle peut s'accommoder de nombreuses fantaisies dans le choix des aromates et épices qui parfument le vin de cuisson comme dans celui de la garniture de la sauce.

Un plat que l'on mitonne avec bonheur quand tout n'est que froidure grise ou blanche au-dehors.

On prendra soin de commencer par mettre les pruneaux à tremper dans du cognac additionné d'un peu d'eau bouillante.

Dans le fond d'une cocotte, on fait sauter le lapin coupé en morceaux dans le beurre et l'huile pendant 5 à 7 minutes pour qu'il soit bien doré. Flamber alors les morceaux de lapin avec un petit verre de cognac préalablement chauffé. Bien que cette préparation reste facultative, elle donne au plat une petite note de grande cuisine.

Il faut ensuite saupoudrer les morceaux avec de la farine, donner un tour sur le feu et couvrir avec le vin rouge. Compléter avec du bouillon si besoin est. On ajoute à ce moment-là les aromates, les épices et le mélange d'oignons, échalote et ail, qui aura d'abord été mis à revenir quelques instants dans une petite sauteuse à part. Saler et couvrir.

Cuire à petit feu pendant 45 à 50 minutes. A mi-cuisson, ajouter les pruneaux. On peut prévoir également de compléter la garniture avec des champignons de couche, de la poitrine salée, etc.

Servir accompagné d'un riz complet nature ou de pommes vapeur qui permettront d'apprécier tout particulièrement la saveur de la sauce.

6 personnes

1 lapin de 1,5 kg, 500 g de pruneaux dénoyautés, ½ l de bon vin rouge, 2 petits verres de cognac, 1 gros oignon, 1 échalote, 2 gousses d'ail, 15 g de beurre, 3 cuillerées à soupe d'huile vierge, 1 cuillerée à soupe de farine, 3 graines de cardamome, 10 graines de coriandre, 2 feuilles de laurier, 2 feuilles de sauge, 1 branche de thym.

Notes personnelles :

SALMIS DE CANARD SAUVAGE

Le salmis, dit à la bourgeoise, est une façon d'accommoder toutes sortes de gibiers à plumes qui a connu ses heures de gloire dans les temps anciens où la chasse restait l'un des moyens privilégiés d'alimenter la table quotidienne. La recette en a été conservée par tradition orale dans les régions de chasse, telle la Camargue où, chaque hiver, les oiseaux migrateurs aiment à se reposer. Héritier de l'ancien salmigondis qui n'était autre qu'un modeste ragoût fait de restes de viandes disparates, le salmis désigne en fait la préparation d'un oiseau rôti, à la broche de préférence, qui est ensuite découpé et nappé d'un coulis fait avec les abats et la carcasse.

Suffisamment rare de nos jours pour être traité avec égards, le canard sauvage mérite d'être accommodé en salmis chaque fois que l'on pourra réunir quelques amateurs avisés qui sauront en apprécier toute la saveur. La pintade, plus courante, trouve elle aussi grand bienfait dans le salmis.

Si l'on ne dispose pas d'une broche, le canard pourra être tout simplement rôti dans une cocotte avec quelques bardes de lard. Prendre soin de retirer au préalable le foie, le cœur et le gésier.

Il convient d'arrêter la cuisson avant que le canard ne soit à point puisque les morceaux, une fois découpés, devront ensuite être remis quelques instants dans la sauce.

La préparation du coulis se fait dans une casserole à part où l'on met à revenir l'oignon et la carotte émincés dans le jus de cuisson du canard. Ajouter la farine et mouiller avec le vin blanc dès qu'elle prend une couleur blonde. Assaisonner avec sel, poivre, laurier et ail écrasé. Mettre alors les abats et la carcasse du canard et laisser cuire à feu doux pendant une demi-heure environ. Plus question aujourd'hui de piler abats et carcasse au mortier. Il est plus simple de détacher la chair des os et de l'écraser à l'aide d'un mixer. Cette purée est ajoutée à la sauce avec le madère et, si on le souhaite, des olives vertes et des petits champignons passés au beurre. Remettre les morceaux de canard dans la sauce et chauffer quelques minutes avant de servir. Disposer les morceaux sur les petits canapés frits au beurre et napper avec le coulis. Servir très chaud.

Les jours fastes, les canapés pourront être tartinés de foie gras ou encore la sauce pourra être garnie de truffes. On peut toujours rêver...

5 ou 6 personnes

1 canard sauvage, 3 bardes de lard, 1 oignon, 1 carotte, 1 gousse d'ail, ½ l de vin blanc, 1 cuillerée à soupe de farine, 1 feuille de laurier, 1 verre de madère, 100 g d'olives vertes (facultatif), 250 g de champignons (facultatif).

Notes personnelles :

PINTADE AU CHOU

La perdrix au chou appartenait au catalogue de la grande cuisine dans les maisons où, jadis, le gibier était en abondance. Les vols de perdreaux et de perdrix se font plus rares, les bons chasseurs aussi...

Par chance, il reste encore quelques pintades de basse-cour qui s'accommodent fort bien à la manière réservée au gibier à plumes. En salmis, aux lentilles, au chou, la pintade ne démérite pas, loin s'en faut, même si elle donne l'occasion à quelque nostalgique inconsolable d'infliger à l'assemblée une histoire de chasse tirée du meilleur répertoire.

Pour obtenir une combinaison aussi fine que possible des deux saveurs, il convient dans un premier temps de cuire séparément le chou et la pintade. Le chou, débité cru en fines lamelles, est mis dans une cocotte où l'on aura fait revenir, sans blondir, les oignons émincés dans un peu d'huile. Sauter pendant quelques minutes les lamelles de chou pour permettre à l'eau qu'elles contiennent de s'évaporer un peu. Ajouter ensuite les graines de coriandre, une pincée d'épice, et un peu de sel avant de couvrir. Laisser mijoter à tout petit feu pendant une heure environ. Surveiller la cuisson et ajouter, au besoin, un tout petit peu d'eau chaude pour éviter que le chou ne prenne une couleur foncée.

On cuit par ailleurs au four la pintade simplement bardée et garnie à l'intérieur avec l'épice aux 5 parfums et un peu de crème fraîche ou du yaourt nature. Après l'avoir fait bien dorer, saler et couvrir. Arroser de temps à autre en ajoutant au besoin une ou deux cuillerées à soupe d'eau bouillante.

Après 35 à 40 minutes de cuisson, poser la pintade sur le chou pour qu'elle finisse de cuire. Le jus du plat où a cuit la volaille, une fois déglacé, sera servi à part en saucière.

La pintade est présentée découpée sur son lit de chou.

L'épice aux 5 parfums qui contribue à l'assaisonnement de nombreux plats de la cuisine chinoise souligne ici la saveur légèrement sucrée du chou.

6 personnes

1 belle pintade, 1 chou vert bien pommé, 2 oignons, 2 cuillerées à soupe d'huile, 2 bardes de lard, 10 graines de coriandre, 2 cuillerées à café d'épice aux 5 parfums, 1 cuillerée à soupe de crème fraîche ou yaourt.

Notes personnelles :

PORC SAUTÉ

Une excellente manière de préparer la viande de porc pendant l'hiver. Elle emprunte au répertoire de la cuisine chinoise quelques-unes de ses composantes de base, mais la comparaison s'arrête à peu près là.

A chacun et chacune d'apprêter le porc sauté comme il lui plaira, selon la palette de couleurs qui a sa préférence.

Coupée en fines lamelles, l'échine de porc devra être préalablement mise à mariner pendant ½ heure environ avec le soja, le gingembre râpé, une pointe de cayenne et un peu d'eau. Après avoir égoutté les morceaux de porc, les faire sauter dans une poêle à feu vif avec de l'huile. Cinq minutes suffisent. Par ailleurs, dans une cocotte, on fait revenir un oignon émincé dans un peu d'huile, sans laisser blondir, puis on ajoute le chou, les poireaux et le céleri coupés en lamelles. Faire sauter pendant quelques minutes, ajouter la marinade, saler et couvrir. Les légumes devront cuire à petit feu pendant 40 à 45 minutes. A mi-cuisson, ajouter les morceaux de porc et les champignons noirs préalablement mis à gonfler dans de l'eau chaude.

Servir accompagné d'un riz blanc et d'une bouteille de Nuoc-mâm.

6 personnes

700 g d'échine de porc désossée, ½ chou vert pommé, 2 poireaux, 2 branches de céleri, 1 oignon, 3 cuillerées à soupe d'huile vierge, 4 cuillerées à soupe de sauce de soja, 1 petite racine de gingembre frais, 50 g de champignons noirs, cayenne, Nuoc-mâm (facultatif).

Notes personnelles :

PAIN DE POISSON A LA REINE

Son appellation ancienne lui donne un petit air de grande cuisine. Cette façon d'apprêter de simples filets de poisson peut néanmoins aujourd'hui encore trouver des adeptes parmi ceux et celles qui aiment à s'enfermer dans la cuisine le temps de réaliser un superbe gâteau de poisson.

Imagination et envie d'améliorer l'ordinaire familial ont ici le champ libre.

Toutes sortes de poissons peuvent convenir, mais l'utilisation de filets déjà débarrassés de leurs arêtes et de leur peau facilite la tâche (colin, merlan, cabillaud ou sole).

Dans un mixer, on met ensemble la chair crue du poisson, la mie de pain mouillée dans du lait chaud puis bien essorée, le beurre coupé en morceaux, les jaunes d'œufs, la crème, le vin blanc et les champignons préalablement sautés au beurre et débarrassés de leur eau. Quelques tours suffisent pour obtenir un mélange parfaitement lié. Ajouter alors sel, poivre, gingembre et un blanc d'œuf battu en neige. Cuire au bain-marie dans un moule beurré à four chaud pendant 20 minutes environ.

On peut servir le gâteau tel quel, une fois démoulé à sa sortie du four. L'accompagnement d'une sauce est néanmoins tout à fait appréciable.

Pour la préparation de la sauce, demander au poissonnier quelques têtes et débris de poissons nécessaires pour la confection d'un fumet de poisson. Celui-ci s'obtient en mettant à bouillir ensemble pendant 20 à 30 minutes, les têtes et débris de poissons, la carotte et l'oignon émincés, l'eau, le vin blanc et le persil. Passer ensuite au chinois et mouiller avec ce bouillon un petit roux à peine coloré. Quelques minutes de cuisson suffisent.

Au moment de servir, ajouter à la sauce une noix de beurre et le jus d'un citron qui donnent onctuosité et saveur appréciables.

4 ou 5 personnes

400 g de filets de poisson, 100 g de pain, 125 g de beurre, 3 œufs, 10 cl de crème fraîche, 10 cl de vin blanc (Sauterne), 200 g de champignons de Paris, gingembre (facultatif).

Pour la sauce : 80 g de beurre, 2 cuillerées à soupe de farine, débris de poissons, 1 carotte, 1 oignon, 10 cl de vin blanc sec, 40 cl d'eau, 1 citron.

Notes personnelles :

TARTE A L'OIGNON

Elle figure en bonne place parmi les tartes aux légumes qui connaissent aujourd'hui une faveur toujours plus large. La façon d'apprêter les oignons est en fait ici analogue à celle de la purée Soubise. Comme un parfum d'ancien régime, si l'on peut dire. Cette recette ne serait-elle pas venue jusqu'à nous grâce aux anciens cuisiniers du prince de Soubise qui, au soir de la Révolution, se retrouvèrent sans emploi comme bien d'autres de leurs confrères et ouvrirent alors les premiers restaurants publics pour y régaler la nouvelle bourgeoisie dirigeante ?

On peut commencer par plonger les oignons entiers dans de l'eau froide pendant 10 à 15 minutes si l'on souhaite leur enlever une certaine âcreté. Ceci reste facultatif. En revanche, il est impératif d'émincer les oignons à la main, plutôt qu'au hachoir électrique, pour éviter qu'ils ne perdent une partie de leur eau nécessaire à la cuisson.

Dans une grande sauteuse, on met alors les oignons émincés et le beurre pour qu'ils fondent ensemble très doucement sans prendre couleur. Cette opération assez longue, 30 à 40 minutes au moins, exige un minimum de surveillance.

Pendant ce temps, préparer la pâte brisée avec la farine, le beurre et l'huile et un peu d'eau de manière à ce qu'elle puisse reposer pendant une heure environ.

On fait par ailleurs rissoler quelques instants la poitrine fumée coupée en morceaux. On bat les œufs entiers et la crème, sel et poivre.

Lorsque les oignons sont bien cuits, garnir un moule à tarte avec la pâte brisée. Disposer la purée d'oignons sur le fond de tarte non cuit. Ajouter les morceaux de lard et la crème aux œufs. Enfourner à four chaud pendant 30 à 40 minutes.

Cette tarte est particulièrement exquise lorsqu'elle est servie tiède. Un accompagnement de salade verte lui convient parfaitement.

6 personnes

800 g d'oignons blancs, 100 g de poitrine fumée, 4 œufs, 1 dl de crème fraîche, 75 g de beurre.

Pour la pâte : 250 g de farine, 100 g de beurre, 1 cuillerée à soupe d'huile vierge, 1 pincée de sel.

Notes personnelles :

CHOU-FLEUR EN CROÛTE

Lorsque l'hiver traîne en longueur et que, semaine après semaine, l'on désespère un peu de trouver sur le marché d'autres légumes frais que les éternels choux-fleurs de Bretagne ou d'ailleurs, il faut bien inventer quelques variantes dans la façon de les apprêter, sinon... grimaces garanties autour de la table !

Peu de choses suffisent parfois. Une terrine en terre, un couvercle de pâte croustillante et dorée, posée à la manière d'un "pie" anglais, et voilà qu'un banal chou-fleur en béchamel excite la gourmandise.

On choisira un chou-fleur aussi blanc que possible. Entre celui-ci et le chou dont la fleur, en voie de passer, prend une teinte plus ou moins jaunâtre, il s'est écoulé plusieurs jours parfois même plusieurs semaines depuis le moment où le légume a été ramassé. Il en est pour le goût comme pour la vue. Comme si l'on pouvait composer un bouquet de fleurs avec une corbeille de fleurs fanées !

Quoi qu'il en soit, frais ou moins frais, le chou-fleur cuit à la vapeur doit rester ferme. 4 à 5 minutes à l'autocuiseur suffisent selon la qualité du légume choisi.

On aura préparé par ailleurs la béchamel avec un roux blanc (farine revenue dans le beurre sans laisser roussir), auquel on ajoute le lait froid, la crème fraîche, le fromage et la muscade râpée, sel et poivre.

Dans une terrine, mélanger les bouquets de chou-fleur et la béchamel. Couvrir le sommet de la terrine avec de la pâte brisée étalée un peu épais pour qu'elle ne risque pas de se briser en la posant au-dessus du plat. Ne pas oublier de piquer la pâte avec une fourchette, ce qui l'empêchera de gonfler de manière irrégulière. Pour que l'adhésion de la pâte aux bords du plat soit meilleure, mouiller avec un peu d'eau froide. Dorer la pâte à l'œuf avant d'enfourner à four chaud pendant 15 à 20 minutes.

6 personnes

1 chou-fleur de 1 kg, ½ l de lait, 2 cuillerées à soupe de farine, 50 g de gruyère râpé, 1 cuillerée à soupe de crème fraîche, noix de muscade.

Pour la pâte : 100 g de farine, 50 g de beurre, 1 pincée de sel, 1 cuillerée à soupe d'eau.

Notes personnelles :

PURÉE DE CÉLERI

A l'exception de la sacro-sainte purée de pommes de terre, les purées de légumes, tombées pendant un temps dans l'oubli, retrouvent peu à peu la faveur des bonnes tables. Pendant la saison d'hiver, le céleri rave, en abondance sur les marchés, se prête tout à fait à un accommodement en forme de purée. Son parfum un peu acide le désigne plus particulièrement pour servir d'accompagnement à des viandes blanches, telles que porc ou veau. A l'intention des enfants qui n'aiment pas toujours le goût du céleri, il peut être sage de prévoir spécialement pour eux une proportion plus importante de pommes de terre.

Il est recommandé de cuire à l'eau séparément le céleri-rave et les pommes de terre, leurs temps de cuisson n'étant pas nécessairement les mêmes. Compter au moins 15 minutes à l'autocuiseur pour le céleri. Egoutter et passer les deux légumes au mixer ou au moulin à légumes. La purée ainsi obtenue risque de comporter un peu trop d'eau rendue par le céleri. On la met alors quelques instants sur le feu dans une sauteuse en remuant sans cesse pour éviter qu'elle ne brunisse. Lorsque la purée devient épaisse, il suffit d'ajouter le beurre et la crème fraîche ou le lait. Saler et poivrer avant de servir.

6 personnes

500 g de céleri rave, 3 belles pommes de terre, 50 g de beurre, 2 cuillerées à soupe de crème fraîche ou bien 1 verre de lait.

TOURTE AUX CHAMPIGNONS

Les champignons fraîchement cueillis en forêt sont devenus denrée si rare que l'on doit se contenter de ceux qui sont proposés en conserve, même s'ils en sortent quelque peu affadis et ramollis. Les consommer nature en accompagnement de viandes ou de volailles rôties comme on le ferait de champignons frais manque d'agrément. En revanche, lorsqu'ils sont hachés, réduits en purée et servis en garniture de tourte, les cèpes ou bolets, les girolles ou même les modestes grisets du Ventoux sont toujours accueillis avec faveur sur la table.

Pour la tourte, il faut préparer une pâte brisée avec la farine, le beurre ramolli et l'huile d'olive et la laisser reposer au moins une heure.

Les champignons, au sortir de la conserve, seront lavés puis sautés avec un peu de beurre pendant quelques minutes. Ajouter un roux fait à part avec la farine bien revenue dans le beurre et le bouillon et laisser réduire doucement pour obtenir un mélange de bonne consistance. Passer le tout en purée à l'aide d'un mixer.

On incorpore alors les œufs entiers battus en omelette, la crème fraîche, sel et poivre. Garnir un moule à tarte avec la pâte brisée et verser la purée de champignons. Enfourner à four chaud pendant une petite demi-heure.

La tourte peut être servie chaude à la sortie du four ou bien froide, en entrée, accompagnée d'une salade verte.

6 personnes

1 kg de champignons en conserve, 50 g de beurre, 2 cuillerées à soupe de farine, ½ l de bouillon, 3 œufs, 1 cuillerée à soupe de crème fraîche.

Pour la pâte : 250 g de farine, 100 g de beurre, 3 cuillerées à soupe d'huile d'olive.

POIRES BELLE-HÉLÈNE

Sous des dehors brûlants, un cœur de fruit glacé et fondant à la fois, telle est la poire Belle-Hélène. Une manière savoureuse de consommer les poires d'hiver, même lorsqu'elles sont en conserve.

Le succès de ce dessert tient aussi à sa très grande facilité d'exécution qui requiert seulement quelques minutes lorsqu'on utilise des poires de conserve.

Il est toujours préférable de choisir des fruits frais que l'on confit légèrement dans un sirop. Celui-ci s'obtient en faisant bouillir pendant environ 5 minutes l'eau, le sucre et la vanille. Plonger alors les poires épluchées, épépinées et coupées en deux dans le sirop, en maintenant une petite ébullition pendant 7 ou 8 minutes. Les fruits doivent devenir fondants sans pour autant se disloquer. Egoutter et mettre au froid si possible plusieurs heures.

Au moment de servir, les poires disposées de préférence dans des coupes individuelles sont nappées d'une sauce au chocolat brûlante.

Pour obtenir une sauce parfaitement liée, mettre le chocolat coupé en morceaux à fondre doucement dans une casserole avec deux cuillerées à soupe d'eau froide et le beurre. Dès que la sauce est à bonne consistance, ni trop liquide, ni trop épaisse, la conserver très chaude sans bouillir dans un bain-marie jusqu'au moment de servir.

6 personnes

8 belles poires ou bien 1,5 kg de poires en conserve, 275 g de sucre en poudre, 1 gousse de vanille, 150 g de chocolat noir à croquer, 30 g de beurre.

TULIPES A LA CRÈME DE MARRON

Elles étaient servies jadis à l'heure du thé quand Madame avait "son jour", elles empruntent leur nom à la forme de corolle allongée que l'on donne à la pâte, elles flattent la gourmandise et suscitent la bonne humeur. Bref, les tulipes à la crème de marron ponctuent joliment un repas au plus froid de l'hiver et annoncent le printemps...

La pâte des tulipes doit être légèrement coulante. Elle s'obtient en travaillant tout d'abord le blanc d'œuf avec le sucre au fouet pendant 5 minutes ou quelques instants dans un mixer. On y ajoute alors la farine et le beurre fondu. Si la pâte n'est pas suffisamment fluide, il faut compléter avec une ou deux cuillerées à soupe de lait.

Disposer ensuite des petits tas de pâte avec une cuillère à café sur une plaque bien beurrée. En chauffant, la pâte va s'étaler de sorte qu'il convient de laisser un espace suffisant entre chaque petit tas de pâte. La cuisson à four chaud n'exige pas plus de 4 ou 5 minutes. Le cœur de la pâtisserie doit rester de couleur claire.

L'opération délicate intervient à la sortie du four. Il convient de donner à la pâte pendant qu'elle est chaude la forme de tulipe en la moulant sur l'extrémité d'un objet arrondi (pilon, manche de hachoir, par exemple). Dès qu'elle est refroidie, la pâte devient très friable.

Chaque tulipe doit être garnie de crème de marron recouverte de crème chantilly peu de temps avant de servir pour éviter que la pâte ne ramollisse.

20 à 22 tulipes

1 œuf entier, 100 g de sucre en poudre, 75 g de farine, 25 g de beurre, 1 à 2 cuillerées à soupe de lait, 400 g de crème de marron, 200 g de crème chantilly.

TARTE AU CITRON

Au beau milieu de l'hiver, le parfum d'un citronnier en fleurs derrière une baie vitrée réchauffe le cœur. Si d'aventure il porte aussi quelques citrons mûrs, l'occasion de réaliser une vraie tarte au citron est à saisir. Ainsi, l'harmonie sera complète. Parfum des fleurs et saveur du fruit intimement mêlés feront le bonheur de la maison. Un bonheur rare, comme le sont les espèces d'arbres fruitiers qui portent en même temps leurs fleurs et leurs fruits.

Lorsqu'on n'a pas la possibilité de cultiver soi-même ses citrons, choisir des fruits qui n'ont pas subi le traitement destiné à leur assurer une longue conservation après ramassage. Le zeste du citron doit en effet être râpé pour donner à la garniture de la tarte son vrai parfum.

Pour préparer la garniture, on mélange un œuf entier, le jaune des deux autres avec le jus de citron, le sucre en poudre et le zeste râpé. On chauffe doucement en ajoutant petit à petit le beurre coupé en morceaux. Dès que le mélange arrive à température voisine de l'ébullition, la crème commence à épaissir un peu. Il faut alors maintenir la cuisson quelques instants sans faire bouillir jusqu'à ce que la crème nappe bien la cuillère.

On aura préparé par ailleurs un fond de tarte fait avec une pâte brisée étalée aussi fin que possible et cuite à blanc. Pour que la pâte puisse être glissée plus facilement dans le moule lorsqu'elle est étalée très fin, on peut la mettre une fois étalée à refroidir quelques minutes dans le réfrigérateur ou bien l'enrouler sur le rouleau à pâtisserie et la dérouler au-dessus du moule. On garnit ensuite le fond de tarte avec la crème au citron et on passe au four deux minutes pour permettre à la crème de se solidifier légèrement.

Au sortir du four, recouvrir la tarte d'une neige de blancs d'œufs faite avec les deux blancs qui ont été réservés. Saupoudrer de sucre et passer quelques instants au four pour faire dorer.

6 personnes

Pour la pâte : 250 g de farine, 125 g de beurre, ½ verre d'eau, 1 pincée de sel.

Pour la crème : 3 œufs, 1,5 citron, 60 g de beurre, 125 de sucre en poudre.

Notes personnelles :

CRÈME CARAMEL

C'est la crème au caramel, dite ensuite crème renversée, chère à nos grands-mères des temps les plus anciens. Elle n'a rien perdu de son actualité et reste ce dessert délicat, frais, léger (en apparence seulement), que l'on a plaisir à déguster à la fin d'un repas ou simplement en entremets. Les succédanés composés à partir de poudre d'algues végétales, que l'on a tendance à servir dans certains bistrots ou brasseries, n'arriveront jamais à détrôner la vraie crème au lait et aux œufs qui fait à tout jamais partie du patrimoine culinaire français.

La préparation est parmi les plus simples, à condition cependant de respecter ici scrupuleusement les proportions de lait et d'œufs. Elles assurent à la crème sa solidité lorsqu'on la renverse sur le plat de service.

Choisir de préférence du lait frais d'excellente qualité qui ne contienne pas trop d'eau. Le faire bouillir avec le sucre et les bâtons de vanille. Au XVIIIe siècle, on parfumait le lait avec de la cannelle, une pincée de coriandre, et de l'écorce de citron vert.

Par ailleurs, battre les œufs entiers en omelette et verser dessus le lait bouillant sans cesser de battre avec un fouet. Avant de verser la crème dans un moule, de préférence cannelé, mettre celui-ci sur le feu avec le sucre et une cuillerée à soupe d'eau froide pour obtenir du caramel. Dès qu'il blondit, faire couler le caramel sur tous les bords du moule et verser alors la crème.

La cuisson se fait au four dans un bain-marie d'eau bouillante, en prenant soin de couvrir le moule avec un couvercle afin d'éviter qu'une chaleur trop forte ne transforme la couche supérieure de la crème en une véritable croûte, ce qui serait regrettable.

Compter 55 à 60 minutes de cuisson à four moyen. Laisser refroidir. Au moment de servir, renverser la crème dans une coupe en verre sur pied. Elle apparaît alors tel un superbe gâteau entièrement nappé de caramel.

4 ou 5 personnes

1 l de lait, 6 œufs, 150 g de sucre semoule, 2 bâtons de vanille, 125 g de sucre pour le caramel.

Notes personnelles :

QUAND LE PRINTEMPS POINTE LE BOUT DE SON NEZ

TARTE A LA CIBOULETTE

Ciboulette ou civette pour les uns, ognonette ou encore "appétit" pour les autres. Saveur aromatique particulièrement fine de ces longues herbes vertes qu'une tradition séculaire condamne à servir seulement d'assaisonnement avec persil et autres fines herbes. Pourquoi ne pas chercher à en apprécier toute la saveur pour elle-même ? Il suffit de donner pour une fois à la ciboulette la vedette du plat au lieu d'en faire une éternelle dame de compagnie.

Dotée de plus de légèreté et de fraîcheur que les autres tartes aux légumes, sa place est celle d'une entrée qui met en appétit.

Il faut disposer d'au moins 3 petites bottes de ciboulette. Une paire de ciseaux est préférable à tout autre instrument pour hacher menu les herbes qui gardent ainsi tout leur suc.

Garnir ensuite un fond de tarte préalablement cuit à blanc dans un moule en porcelaine avec le mélange d'œufs entiers et de crème qui, une fois bien battu, accueille la ciboulette hachée. Aucun assaisonnement particulier, hormis sel et poivre, n'est nécessaire si l'on veut goûter tout l'arôme de la ciboulette.

Comme pour les autres tartes aux légumes, 25 à 30 minutes de cuisson à four moyen suffisent. Servir au sortir du four. En été, la tarte à la ciboulette servie froide avec un accompagnement de salade verte est tout à fait rafraîchissante.

6 personnes

3 bottes de ciboulette, 3 œufs, 20 cl de crème fraîche.

Pour la pâte à tarte : 250 g de farine, 125 g de beurre.

Notes personnelles :

ASPERGES SAUCE HOLLANDAISE

L'apparition des asperges sur les marchés est le signe du printemps. Leur saison est courte et la mécanisation des cultures n'a pas réussi encore à les banaliser tout à fait. Tout ceci explique peut-être que les asperges continuent à bénéficier d'un certain prestige. Elles méritent à ce titre d'être accompagnées d'une sauce légèrement sophistiquée, telle la sauce hollandaise propre à exalter le parfum des asperges servies tièdes.

Pour qui a la chance de disposer de ces anciennes assiettes à asperges en vogue au début du siècle, cette entrée peut alors être celle d'un repas de fête.

La cuisson des asperges exige quelques précautions. Les tiges doivent être liées en bottes d'1 kg maximum en prenant soin d'égaliser les queues pour que toutes les têtes soient au même niveau.

Une grande quantité d'eau bouillante salée est nécessaire à la cuisson. 10 à 12 minutes d'ébullition suffisent en principe. Les asperges doivent rester croquantes. Après les avoir retirées de la marmite, les asperges seront mises à égoutter sur un torchon. On les recouvre également d'un torchon qui absorbe leur humidité tout en les conservant au chaud pour pouvoir être servies tièdes.

Pour la préparation de la sauce, il est conseillé de choisir une casserole étamée ou en inox, en évitant l'aluminium qui donnerait une teinte grise à la sauce.

Les jaunes d'œufs sont mis dans la casserole avec trois cuillerées à soupe d'eau froide. Placer la casserole dans un bain-marie sur le feu et remuer sans cesse avec un fouet en incorporant petit à petit tout le beurre coupé en petits morceaux. Si la sauce épaissit trop, on peut ajouter une cuillerée à café d'eau froide qui ralentit la cuisson. Celle-ci doit être lente et régulière, afin d'éviter que les jaunes ne "tournent". S'il en était ainsi, il suffirait d'ajouter très vite une cuillerée à soupe d'eau froide et de fouetter énergiquement jusqu'à ce que la sauce reprenne un aspect entièrement lisse.

Lorsque le beurre est complètement incorporé, ajouter le jus de citron et réserver au chaud dans le bain-marie, sans laisser bouillir, jusqu'au moment de servir.

6 personnes

2 kg d'asperges, 150 g de beurre, 3 jaunes d'œufs, ½ citron.

Notes personnelles :

ŒUFS COCOTTE

Parmi les mille et une manières d'apprêter les œufs, en connaissez-vous de plus simple que celle-ci ? Un œuf poché dans la crème... rien de plus, ou presque. Ce n'est pas de la grande cuisine, certes, mais il suffit d'appliquer ici la recette de la cuisine d'amour pour faire de cette préparation apparemment banale un plat cuisiné toujours apprécié et, de surcroît, reconstituant après un gros effort. Des œufs de première fraîcheur, provenant si possible de poules fermières comme on en trouve au printemps, de la vraie crème fraîche et quelques minutes d'attention pour coordonner les opérations garantissent le succès.

Pour obtenir un véritable œuf poché dans la crème qui reste moelleux tout en étant cuit, il faut qu'il soit saisi par la chaleur de la crème et de la cocotte. On commence donc par chauffer les cocottes vides quelques instants dans le four pendant que, de son côté, la crème est mise à bouillir doucement à petit feu. Chaque cocotte est alors garnie avec la crème dans laquelle on casse l'œuf. Un peu de noix de muscade et du sel complètent l'assaisonnement.

Pour la cuisson, ranger les cocottes les unes à côté des autres dans un bain-marie. Il est sage de mettre un papier d'aluminium sur le fond du plat du bain-marie avant de le remplir d'eau bouillante. Ce procédé évitera que des gouttes d'eau, en bouillant, ne sautent dans les cocottes. Surveiller la cuisson qui peut se faire au four, ou sur le feu avec un couvercle. 6 à 8 minutes suffisent pour amener la cuisson de l'œuf à point, c'est-à-dire blanc et jaune légèrement pris.

La présentation des cocottes sur le plat de service peut être agrémentée avec un bouquet de persil.

6 personnes

6 cocottes individuelles en terre ou en porcelaine à feu, 6 œufs entiers, 1,5 dl de crème fraîche, 1 bouquet de persil, muscade.

Notes personnelles :

COQUELET GRILLÉ

La mode des grillades au feu de bois est telle que certains architectes n'hésitent pas aujourd'hui à prévoir dans leurs plans l'installation d'une cheminée barbecue dans la cuisine, renouant ainsi avec une tradition ancestrale. Qu'elle soit réalisée en cuisine ou au jardin l'été, la grillade de coquelet réunit plusieurs qualités qui rendent la recette tout à fait séduisante.

Une recette que la grande Colette aimait préparer elle-même lorsqu'elle recevait ses amis, l'été, dans sa maison de St-Tropez.

Chaque coquelet est divisé en deux dans le sens de la longueur et abondamment tartiné de moutarde sur toutes ses faces. La moutarde constitue une enveloppe qui fait office de crépine de protection pendant la grillade. On égraine sur chaque morceau un brin de thym.

Poser les morceaux sur un gril et mettre de préférence sur un feu de bois. Le feu doit être vif au départ, puis ralenti ensuite pour permettre la cuisson de l'intérieur. Compter 15 à 20 minutes au total, selon la qualité du coquelet. Pendant la cuisson, il ne faut pas hésiter à badigeonner de temps à autre les morceaux de coquelet avec un peu d'huile d'olive à l'aide d'un petit balai confectionné en liant ensemble un brin de thym, une branche de menthe et 2 feuilles de laurier.

4 personnes

2 coquelets, moutarde au poivre vert, thym, menthe et laurier, huile d'olive.

RÔTI DE LOTTE, ou BAUDROIE, AU POIVRE VERT

Dans le chalût du pêcheur, ce poisson-chat n'inspire guère confiance avec sa tête hideuse et sa peau gluante couverte d'écailles. Débarrassée de tous ses vilains attributs sur l'étal du poissonnier, la lotte est aujourd'hui recherchée pour la saveur de sa chair qui, tout en restant ferme, est dotée d'une grande finesse.

Simplement rôtie au four, la queue de la lotte entière, tel un gigot de poisson, ne manque pas de classe lorsqu'elle apparaît sur la table.

Dans un plat en terre allant au four, poser la queue de lotte enduite d'une légère couche de moutarde au poivre vert et arrosée d'un filet d'huile. Saler, poivrer et mettre à four très chaud pendant 5 à 10 minutes, le temps nécessaire pour que le poisson soit bien saisi. On vérifie alors si toute l'eau rendue par le poisson ne s'est pas évaporée. Ajouter, si besoin est, une petite tasse d'eau chaude. Mettre les grains de poivre vert légèrement concassés et laisser cuire à feu doux pendant 30 à 40 minutes selon la grosseur du poisson. Il convient de veiller de temps en temps à ce qu'il reste un peu de jus de cuisson dans le plat.

Au moment de servir, verser la crème fraîche additionnée de la fécule dans le plat de cuisson et laisser prendre un bouillon pour faire épaissir la sauce. Napper le poisson avec la sauce et servir entouré de petites pommes de terre cuites à la vapeur.

6 personnes

1,2 à 1,4 kg de lotte entière, 35 g de poivre vert en conserve, 10 cl de crème fraîche, 2 cuillerées à soupe de moutarde au poivre vert, 1 cuillerée à soupe d'huile, ½ cuillerée à café de fécule.

GIGOT DES ALPILLES

L'agneau d'hiver, celui que les bergers des Alpilles et des plaines environnantes élèvent pour être prêt au moment de Pâques ou dans les semaines qui précèdent la transhumance, est particulièrement recherché en Provence pour figurer sur les bonnes tables. Peut-être à cause d'une certaine qualité de l'air ambiant fait de soleil, de grand vent, et d'herbes parfumées...

D'où qu'il vienne, l'agneau se doit d'avoir une chair moelleuse et tendre qui ne soit pourtant ni grasse, ni trop fade. C'est là l'une des qualités premières que l'on doit exiger si l'on veut que le gigot reste ce plat de choix qu'il a toujours été.

C'est rôti au four, ou mieux encore, à la broche, que le gigot d'agneau est le plus apprécié. La préparation en est simple, encore que la cuisson exige quelque attention pour être menée juste à point. Même si l'on n'aime pas la viande vraiment saignante, celle du gigot mérite de conserver un aspect un peu rosé, au moins dans la partie la plus charnue.

Avant de mettre à cuire, il est conseillé de faire mariner le gigot quelques heures dans de l'huile additionnée de poivre, persil et miettes de thym et romarin. Il ne faut surtout pas y mettre du sel. Celui-ci ne doit être ajouté qu'en fin de cuisson lorsque la viande est suffisamment rôtie pour que son jus ne s'écoule pas à l'extérieur.

Au sortir de la marinade, piquer le gigot de part en part avec des pointes d'ail découpées dans chaque gousse. Le nombre de gousses d'ail à utiliser est fonction du goût de chacun, mais il faut savoir qu'en toute hypothèse, quelques pointes d'ail demeurent indispensables.

A défaut de broche, on placera le gigot sur une lèchefrite pour permettre à la viande d'être rôtie sur toutes ses faces de manière aussi égale que possible. Enfourner à four très chaud ou poser la broche devant une belle braise. En cours de cuisson, le gigot devra être tourné plusieurs fois et arrosé avec son jus ou bien badigeonné avec un pinceau trempé dans l'huile de marinade. Après 30 minutes environ, éteindre le four et laisser le gigot à l'intérieur pas plus de 10 minutes, sinon il risquerait d'être trop cuit. On obtient ainsi un excellent jus. Pour reconnaître que le bon degré de cuisson est atteint, il faut piquer la viande avec une aiguille. Le jus qui s'en échappe alors doit être rosé.

Servir chaud avec un accompagnement de flageolets, et le jus en saucière.

Froid avec une mayonnaise verte, le gigot est de grande classe sur un buffet campagnard.

8 ou 10 personnes

1,5 ou 1,6 kg de gigot d'agneau, 2 gousses d'ail.

Pour la marinade : 1 dl d'huile d'olive vierge, poivre, 1 branche de romarin, 1 petit bouquet de persil, 2 brins de thym.

Notes personnelles :

LAPIN A LA MOUTARDE

Cette recette, des plus simples, est sans doute l'un des meilleurs exemples de ce que peut être la cuisine d'amour. Réussite ou échec dans la réalisation de ce lapin rôti ne tiennent qu'à un fil... La technique est aisée mais l'art, plus difficile, consiste à faire d'un modeste lapin d'élevage un véritable enchantement pour les convives appelés à le partager. Chacun pourra ici donner libre cours à son inspiration dans le choix et le dosage des herbes, comme dans celui de la moutarde ou de la crème, sans crainte d'être déçu du résultat dès l'instant où la cuisson du rôti aura été attentivement surveillée.

Le lapin est conservé entier, avec toute sa tête, son foie et ses rognons, mais il est plié en deux pour lui permettre de cuire lentement dans le four. A l'extérieur, une épaisse couche de moutarde est tartinée sur toutes ses faces. A l'intérieur, les herbes, les abats et l'assaisonnement. Mettre au fond d'un plat en terre un peu d'huile d'olive avant d'y poser le lapin ainsi prêt à être rôti. 40 minutes de cuisson à four moyen sont nécessaires. Il faut, alors, retirer le lapin du plat de cuisson dans lequel on verse la crème en remuant pour y incorporer les sucs de cuisson attachés au fond du plat. Napper le lapin avec la sauce ainsi obtenue et servir aussitôt.

Selon les convives réunis, l'accompagnement choisi pourra être composé de pommes de terre nouvelles préalablement cuites à la vapeur, ou bien de nouilles fraîches pour le bonheur des enfants. Pour une présentation plus soignée, préférer le riz complet à tout autre. Sa cuisson à l'eau est, certes, plus longue (au moins 30 minutes) mais l'accompagnement est de classe et parfaitement adapté à la sauce du lapin.

4 ou 5 personnes

1 lapin, 1 pot de moutarde, 20 cl de crème fraîche, 2 cuillerées à soupe d'huile d'olive, ½ citron, 3 feuilles de sauge fraîche, 4 brins de sarriette, 2 feuilles de laurier, coriandre.

Notes personnelles :

TOURTE AUX FRUITS DE MER

Que disiez-vous ? Tourte ou tarte ? La distinction n'est plus faite aujourd'hui ou, plus exactement, la tourte a perdu son couvercle. L'appellation a gardé, néanmoins, son petit côté distingué, style grande cuisine bourgeoise.

Peu importe, même présentée comme une simple tarte, cette entrée continue de rencontrer un succès mérité. Elle peut s'accommoder de multiples garnitures, des plus simples aux plus raffinées, selon l'humeur et le budget du jour.

A l'exception des crevettes roses déjà cuites au moment de l'achat et du crabe lorsqu'il est en boîte, les autres fruits de mer doivent être mis à cuire avant de confectionner la tourte. Les moules, à feu vif, s'ouvrent rapidement et peuvent être retirées de leurs coquilles. Quant aux coquilles Saint-Jacques, il suffit de faire sauter les noix et le corail dans un peu de beurre pendant 4 à 5 minutes.

La préparation de la pâte brisée n'offre, en soi, aucune difficulté dès l'instant où l'on dispose de beurre ramolli à température ambiante. Il faut, cependant, y penser à l'avance pour que la pâte, une fois mise en boule, puisse reposer pendant deux heures.

La dernière composante à prévoir, quelle que soit d'ailleurs la garniture de la tourte, c'est la préparation aux œufs.

Les œufs entiers sont battus au fouet avec la crème fraîche, le madère et quelques cuillerées d'eau de cuisson des moules, sel et poivre.

Pour confectionner la tourte, un moule à tarte en porcelaine est préférable (diamètre 25 cm). La pâte brisée est étalée sur 3 mm d'épaisseur, si possible sur une surface froide afin de lui conserver une rigidité suffisante pour la mettre sans peine dans le moule. Le fond est garni avec les moules, les Saint-Jacques, les crevettes décortiquées et le crabe émietté. Il ne reste plus qu'à verser dans le moule la préparation aux œufs et à enfourner à four moyen pendant environ 30 minutes.

Elle est servie chaude dans le moule, mais peut aussi être consommée tiède avec un accompagnement de salade, ainsi que les Anglais aiment à le faire.

Si l'on souhaite restituer à la tourte son couvercle d'origine, il faut prévoir un morceau de pâte brisée que l'on étale, sur 2 mm, à la dimension du moule. Avant de coller le couvercle avec un peu d'eau sur les pourtours du moule, on peut le décorer avec des incisions au couteau.

Dorer à l'œuf avant d'enfourner ajoute encore une note d'élégance.

6 personnes

1 l de moules, 300 g de crevettes, 6 coquilles Saint-Jacques, 140 g de crabes (poids net), 3 œufs, 200 g de crème fraîche, 1 petit verre de madère.

Pour la pâte brisée : 200 g de farine, 100 g de beurre.

Notes personnelles :

ARTICHAUTS BARIGOULE

Ce plat, dont l'origine est très ancienne — on en trouve la recette dans des livres de cuisine datant de 1750 — est, à lui seul, tout un poème à la gloire des senteurs et couleurs du printemps.

Le thym donne à la préparation son nom (farigoule en provençal), encore que tous les auteurs ne soient pas d'accord sur ce point. Allié au vin blanc, le thym met en valeur le goût légèrement sucré de l'artichaut.

La qualité des artichauts choisis est déterminante. Ils doivent être jeunes et fraîchement cueillis. S'ils sont suffisamment petits, ils peuvent être conservés entiers après avoir ôté le foin et quelques feuilles au centre pour pouvoir introduire la farce. Dans le cas contraire, il faut les partager en deux, dans le sens de la longueur et ne pas omettre de citronner le cœur, une fois le foin enlevé.

La préparation de la farce exige de faire revenir d'abord les champignons dans un peu de beurre additionné d'huile. Il convient, ensuite, de hacher (au mixer de préférence) les champignons, la poitrine salée, les échalotes et le bouquet de persil. Gousses d'ail écrasées, poivre et sel complètent l'assaisonnement.

Une fois garnis de farce, les artichauts sont posés les uns contre les autres, bien serrés, dans une cocotte en fonte ou une sauteuse sur un lit fait avec les oignons émincés et les carottes râpées préalablement revenus. On mouille avec l'huile d'olive, le vin blanc et une partie du bouillon. Ne pas oublier d'ajouter le thym.

La cuisson à feu très doux, pendant 40 à 50 minutes, exige une surveillance attentive. Les artichauts doivent constamment mijoter. Si le liquide réduit trop, il convient d'ajouter un peu de bouillon.

Prévoir un rince-doigts sur la table, car il est difficile de déguster les artichauts autrement qu'avec les doigts.

6 personnes

9 artichauts, 200 g de poitrine salée, 300 g de champignons de Paris, 2 carottes, 2 oignons, 3 échalotes, 2 gousses d'ail, 1 bouquet de persil, 3 brins de thym, ½ citron, 1 verre de vin blanc, ½ verre d'huile d'olive, 1 bol de bouillon.

Notes personnelles :

TERRINE DE PRINTEMPS

La confection de cette terrine n'emprunte pratiquement rien aux principes culinaires. Elle fait plutôt appel à l'imagination et au goût de la décoration pour combiner couleurs, consistance et saveur des légumes de saison et aromates. Abordée avec une semblable disposition d'esprit, cette préparation peut réserver un moment de vraie détente et déboucher sur une construction aussi harmonieuse qu'inattendue. A vos pinceaux et vos couteaux !

La plupart des légumes choisis nécessitent une cuisson préalable appropriée à chacun.

Ainsi, les asperges seront cuites à l'eau pour rester légèrement croquantes. La cuisson à la vapeur convient mieux au chou-fleur et aux carottes. Pour les épinards, 3 minutes dans l'eau bouillante suffisent.

Les blancs de poireaux doivent, quant à eux, être mis à revenir dans un peu d'huile d'olive. On peut y ajouter pendant 4 à 5 minutes les carottes cuites coupées en rondelles. Si l'on choisit des courgettes, il convient de les couper en bâtonnets, puis de les blanchir et de les faire revenir 5 minutes dans un peu d'huile.

En revanche, les radis et, le cas échéant, les tomates sont gardés crus.

Avant de commencer la construction de la terrine, préparer la gelée. Quand elle est encore chaude, en tapisser le fond de la terrine. Laisser prendre au frais et disposer ensuite les légumes par couches successives, sans oublier de saler et poivrer.

Les légumes choisis ici peuvent être disposés de la façon suivante. Commencer par les pointes d'asperges agencées en forme d'étoile, puis une couche de rondelles de radis, une couche d'épinards hachés grossièrement, une couche de chou-fleur, les herbes hachées, une couche du mélange poireaux-carottes, une couche de chou-fleur. Terminer par une couche d'épinards.

Couler la gelée refroidie sur l'ensemble et mettre au réfrigérateur pendant au moins 12 heures. Au moment de servir, démouler et accompagner d'une saucière de sauce mousseline citronnée.

6 ou 8 personnes

12 radis, 10 asperges, 400 g d'épinards, ½ chou-fleur, 4 blancs de poireaux, 6 feuilles de menthe, quelques brins de citronnelle, estragon, ½ l de gelée.

Sauce mousseline : 1 jaune d'œuf, ¼ de l d'huile, 1 blanc d'œuf monté, ½ citron.

Notes personnelles :

CÉLERIS EN BRANCHE

On trouve de plus en plus souvent sur les marchés des pieds de céleri entièrement blancs, débarrassés de leurs feuilles, qui ne demandent pratiquement plus aucun épluchage dont les doigts sortiraient noircis. Crues en salade ou bien doucement mitonnées avec carottes et cèpes séchés, les branches de céleri font un plat de légume frais réalisable en toute saison, particulièrement lorsque les primeurs se font encore attendre.

Une manière de manger des fibres qui ne déplaira pas aux adeptes de la diététique moderne.

C'est le parfum des cèpes qui donne au plat sa note originale. Il faut pour cela choisir des champignons séchés, et non des cèpes en bocaux, que l'on met à gonfler dans de l'eau chaude pendant 20 à 30 minutes.

Pendant ce temps, on fait revenir dans un peu d'huile au fond d'une cocotte l'oignon émincé et la poitrine salée coupée en petits morceaux. Ajouter la farine que l'on laisse à peine roussir, puis le bouillon. Si par chance on dispose d'un fond de jus de viande, la préparation n'en sera que meilleure. Mettre alors branches de céleri coupées en morceaux, carottes en bâtonnets et cèpes, sel, poivre et éventuellement un peu de sucre.

L'ensemble doit mijoter doucement le temps suffisant pour que les légumes et champignons deviennent parfaitement fondants. Avec un autocuiseur, 20 minutes suffisent.

4 ou 5 personnes

1 beau pied de céleri en branche, 500 g de carottes, 75 g de cèpes séchés, 1 oignon, 150 g de poitrine salée, 1 cuillerée à soupe de farine, 1 bol de bouillon, 1 ou 2 sucres (facultatif).

Notes personnelles :

PROFITEROLES AU CHOCOLAT

Un nom qui fait briller de gourmandise les yeux des enfants et ceux, aussi, de certains adultes qui n'aiment pas à dissimuler leurs sentiments... Une montagne de choux garnis de crème glacée et arrosés de chocolat noir brûlant, voilà bien les attributs d'un vrai dessert digne de faire les délices de ceux que l'on aime.

Pas difficile à réaliser, ce dessert peut même être préparé à la dernière minute si l'on se fournit directement chez le pâtissier en petits choux non garnis et en glace.

Pour la confection des choux, la préparation de la pâte est rapide et tout à fait simple même si l'on est novice en la matière.

Il faut une grande casserole dans laquelle on met à bouillir l'eau avec le sucre, le beurre et une pincée de sel. Dès que le liquide commence à bouillir on retire du feu et on jette en une seule fois toute la farine que l'on mélange vivement avec une cuillère en bois jusqu'à ce qu'elle forme une pâte bien lisse. Il faut alors remettre la casserole sur le feu pour travailler la pâte un moment de sorte qu'elle perde le plus possible d'humidité. Quand la pâte se détache parfaitement des bords et du fond de la casserole, on peut considérer qu'elle est suffisamment desséchée. Hors du feu, on incorpore alors chaque œuf entier, l'un après l'autre, en travaillant bien la pâte avec la cuillère de bois pour que l'œuf, jaune et blanc, soit parfaitement mélangé.

La pâte doit rester souple et s'étirer comme un ruban lorsqu'on la soulève. Si elle risquait de devenir trop liquide après adjonction du quatrième œuf, il vaut mieux ne pas mettre celui-ci intégralement.

Dès que la pâte est prête, disposer des petits tas de pâte sur une plaque huilée allant au four. Dorer avec un œuf battu et cuire à four chaud pendant 25 minutes environ.

Si l'on souhaite préparer les choux un peu à l'avance, il faudra prendre soin de les enfermer, une fois bien refroidis, dans une boîte en aluminium aussi étanche que possible.

En revanche, le remplissage des choux avec la glace à la vanille ne peut, bien évidemment, se faire qu'à la dernière minute, juste avant de servir. Lorsqu'on dispose d'une petite sorbetière à placer dans le réfrigérateur, la préparation de la glace ne pose aucune difficulté. Il suffit de préparer une crème anglaise comme il est dit p. 170 et d'y ajouter un petit pot de crème avant de mettre en sorbetière pendant deux heures et demie.

Après avoir garni l'intérieur de chaque chou d'une boule de glace, il ne reste plus qu'à les disposer en pyramide et à les arroser de chocolat noir simplement fondu dans un peu d'eau avec une noix de beurre. Le reste du chocolat, brûlant, ceci est essentiel, est servi en pot pour permettre à chaque convive d'arroser largement les choux disposés dans son assiette.

8 personnes

Pâte à choux : 1 verre d'eau, 125 g de farine fine, 4 œufs, 80 g de beurre, 25 g de sucre en poudre, 1 pincée de sel.

Glace à la vanille : 6 jaunes d'œuf, 1 l de lait, 100 g de sucre, 1 gousse de vanille, 10 cl de crème fraîche.

Chocolat liquide : 200 g de chocolat noir à croquer, 30 g de beurre, 3 cuillerées à soupe d'eau.

CLAFOUTIS AUX CERISES

Le temps des cerises est celui où l'on déniche toujours quelques fidèles amis ou vieilles parentes qui ont encore, dans leur jardin ou à la campagne, au moins un cerisier. Les cerises mangées sur l'arbre n'ont pas leurs pareilles.

Préparées en bocaux pour l'hiver ou dans l'immédiat en clafoutis, elles ne manquent pas non plus d'attrait.

Le clafoutis s'accommode de toutes sortes de fruits, frais ou en conserves, mais il trouve, avec les cerises bien mûres et non dénoyautées, son parfum le plus savoureux.

Il faut mélanger les œufs entiers avec le sucre, puis la farine et verser alors le lait bouillant que l'on incorpore petit à petit pour obtenir une crème. Le kirsch reste facultatif, et pourtant son parfum ajoute la note qui convient pour exalter la saveur des cerises.

On place alors les cerises dans un plat en porcelaine allant au four (22 cm) en les saupoudrant de sucre avant de les recouvrir de crème. La cuisson à four moyen exige 30 à 40 minutes. Un peu avant la fin, on ajoutera un peu de sucre en poudre qui donne une jolie couleur dorée au plat.

Il est conseillé de faire cuire le clafoutis à l'avance pour le servir tiède. C'est alors qu'il est le meilleur.

6 personnes

80 g de sucre, 80 g de farine, 3 œufs entiers, 500 g de cerises, 1 petit verre de kirsch, ½ l de lait.

GLACE AUX POIRES

Lorsqu'elle s'accompagne d'une glace à la vanille, la très classique poire au vin compose un vrai dessert qui est assuré de recevoir le meilleur accueil à cette époque de l'année où les fruits frais sont encore rares. Un dessert dont la composition, comme la présentation, s'accommode somme toute de bien des fantaisies pour qui aime donner libre cours à son imagination.

Il faut choisir de belles poires d'hiver. On les conservera entières, pelées, mais sans ôter la queue. Pour les cuire, mettre les poires si possible debout dans la casserole, avec le vin, le sucre, la cannelle et quelques rondelles de citron. La cuisson doit être menée doucement pendant au moins une heure, parfois davantage, pour laisser aux poires le temps de libérer leur eau et d'absorber en revanche tout l'arôme du vin.

Lorsqu'elles sont à point, les poires peuvent être retirées de la casserole et mises au frais.

On aura préparé par ailleurs une crème anglaise comme il est dit p. 170. Avant de la mettre en sorbetière, incorporer la crème fraîche légèrement battue. Placer la sorbetière dans le compartiment à glace du réfrigérateur pendant deux heures environ.

Pour éviter qu'elle ne soit trop prise, il convient de retirer la sorbetière du compartiment à glace au moins une demi-heure avant de servir.

Au moment de servir, démouler la glace et la disposer autour des poires conservées entières ou bien découpées en quartiers, ou bien de toute autre manière.

7 ou 8 personnes

7 ou 8 poires, ½ l de bon vin rouge, 250 g de sucre, 1 bâton de cannelle, ½ citron.

Pour la glace : 1 l de lait, 6 jaunes d'œuf, 1 gousse de vanille, 10 cl de crème fraîche.

AUTOUR DE LA TABLE FAMILIALE QUOTIDIENNEMENT VÔTRE

VELOUTÉ DE LÉGUMES

Les enfants, dit-on, n'aiment pas la soupe. Et pourtant, le potage, celui de légumes verts en particulier, reste l'une des bases d'une saine nourriture familiale, en hiver notamment. Peu de choses sont nécessaires pour transformer la sempiternelle soupe de légumes en un délicieux potage. L'usage du mixer, certes, facilite les opérations et permet d'obtenir une crème veloutée. Mais le vrai secret est ailleurs...

Tout est dans la cuisson des poireaux. Coupés en petits morceaux et mis à fondre doucement dans l'huile, les poireaux ont une saveur particulière qui n'est pas tout à fait celle de l'oignon rissolé et qui donne, en fait, le ton à l'ensemble du potage. Carottes, céleris et navets, également coupés en morceaux, sont ajoutés ensuite pendant quelques instants. Compléter avec les pommes de terre qui, elles, ne doivent pas rissoler et couvrir avec l'eau. Sel, poivre, laurier et ail. La cuisson à l'autocuiseur exige 20 à 25 minutes. Quelques tours de mixer et le potage est prêt à servir.

5 personnes

3 poireaux, 3 carottes, 2 navets, 1 branche de céleri, 3 pommes de terre moyennes, 2 cuillerées à soupe d'huile, 1 gousse d'ail, 1 feuille de laurier, 1,5 l d'eau.

SOUFFLÉ AU FROMAGE

L'appellation de soufflé fait parfois un peu peur. Pourquoi n'ose-t-on pas s'y risquer ? La crainte, peut-être, d'une comparaison périlleuse avec tel ou tel soufflé succulent dégusté dans quelque bon restaurant. Et pourtant, le soufflé au fromage ne manque pas de qualités pour un repas en famille. Les enfants raffolent de ce gâteau salé. C'est une préparation de dernière minute qui peut se faire avec, pour ainsi dire, les moyens du bord et qui, de surcroît, est tout à fait économique. Alors, pourquoi donc se priver du plaisir de faire plaisir ?

Préparer tout d'abord une béchamel suffisamment épaisse avec la farine revenue dans le beurre et mouillée avec le lait. Pour pallier l'excès d'eau contenue souvent dans le lait, on peut y ajouter une cuillerée à soupe de crème fraîche épaisse. Mettre le fromage râpé et laisser cuire quelques instants.

Les jaunes d'œufs sont ensuite incorporés un à un en dehors du feu. Sel, poivre et muscade. On ajoute alors les blancs d'œuf montés en neige ferme en remuant très doucement pour ne pas les briser. Enfourner à four moyen dans un plat en porcelaine à feu.

Interdiction formelle d'ouvrir le four pendant 25 minutes, c'est-à-dire jusqu'à ce que le soufflé soit à point pour être servi.

6 personnes

125 g de farine, 6 œufs, ½ l de lait, 125 g de gruyère râpé ou de parmesan, 25 g de beurre, crème fraîche (facultatif), noix de muscade.

SOUPE DE MOULES

Accommodées à la marinière, les moules se servent en entrée et tiennent lieu agréablement de potage en hiver. Comme les autres coquillages, mais avec le privilège d'être infiniment moins chères, elles comportent de nombreux éléments nutritifs particulièrement appréciés à cette époque de l'année.

Choisir des moules de première fraîcheur qui ont conservé toute leur eau. Celles qui ont tendance à bâiller indiquent que leur récolte n'est peut-être pas toute récente. Une fois lavées et, si besoin est, grattées, les faire ouvrir dans une casserole mise à feu vif. Retirer une coquille et ranger les moules dans un plat tenu au chaud pendant la préparation de la sauce.

Celle-ci se fait avec l'eau des moules préalablement filtrée, le vin blanc, les échalotes finement hachées et l'ail écrasé que l'on met à réduire ensemble à feu vif. Pour lier la sauce, faire revenir dans un peu d'huile l'oignon émincé et la farine et mouiller avec le liquide. Hors du feu, ajouter le beurre, le jus de citron et le persil haché avant de verser la sauce sur les moules.

Servir très chaud dans des assiettes à soupe.

6 personnes

2 kg de moules, 1 verre de vin blanc sec, 1 citron, 1 gousse d'ail, 1 petit bouquet de persil, 2 échalotes, 1 petit oignon, 50 g de beurre, 1 cuillerée à soupe de farine, 2 cuillerées à soupe d'huile vierge.

POTAGE SAINT-GERMAIN

Parmi les jeunes générations, combien connaissent encore le goût des pois cassés ? Les adultes, eux, se souviennent... ou, plutôt, préfèrent chasser de leur mémoire le souvenir de cette purée compacte à l'eau qui reste associé, pour beaucoup, aux heures grises de cantine ou de guerre.

Voilà comment, après quelques décades, le potage Saint-Germain, un des classiques de la cuisine bourgeoise, a, pour ainsi dire, disparu de la table familiale. Et pourtant, il ne méritait pas un tel oubli, tant est subtil le goût qui naît de l'alliance des pois cassés avec la poitrine fumée simplement mijotée.

Ainsi que cela a déjà été dit, un potage est d'autant plus savoureux que l'on a commencé à faire revenir ses différents composants dans un peu d'huile. Pour le potage Saint-Germain, il suffit de faire revenir l'oignon émincé et la poitrine coupée en petits morceaux dans 2 cuillerées à soupe d'huile. Les pois cassés, quant à eux, sont simplement lavés (inutile de les faire tremper préalablement) et ajoutés ensuite, avant de couvrir avec 2 litres et demi d'eau froide. L'ail, comme le laurier, ajoute un parfum complémentaire qui doit, néanmoins, rester discret.

La cuisson à l'autocuiseur est réalisée en 25 minutes. Pour obtenir un velouté parfait, il est préférable de passer le potage au mixer. Au moment de servir, on peut ajouter de la crème fraîche qui rend le potage plus onctueux. De même, un accompagnement de croûtons frits ajoute une petite note de prestige.

8 personnes

500 g de pois cassés, 150 g de poitrine fumée, 1 gros oignon, 2 cuillerées à soupe d'huile, 2 feuilles de laurier, 2 gousses d'ail (facultatif), 10 cl de crème fraîche (facultatif).

SAUTÉ D'AGNEAU AUX CAROTTES

L'agneau se prête à de multiples préparations, généralement très appréciées dès lors que la viande est de bonne qualité et point trop grasse. Lorsqu'ils proviennent d'un troupeau qui a été nourri dans les herbages, les agneaux sont, en principe, dépourvus de graisse inutile.

Est-ce l'agneau ou bien les carottes qui tiennent, ici, la vedette ? Difficile à dire tant est étroite la combinaison des deux parfums unis par le vin blanc. Cette préparation, qui n'exige aucun talent particulier, est assurée du succès dès l'instant où légumes et viande ont pris le temps de mitonner longuement ensemble.

L'opération importante consiste à faire bien revenir les morceaux de viande dans l'huile. L'oignon, finement émincé, n'est ajouté qu'après. Il faut éviter qu'il ne roussisse. C'est ensuite le tour des carottes, coupées en bâtonnets, et des pommes de terre, elles aussi coupées en quartiers. 5 minutes leur suffisent. Ajouter alors le concentré de tomate, le vin blanc, les herbes, sel et poivre et couvrir d'eau jusqu'à hauteur.

Dans un autocuiseur, le temps de cuisson peut être d'une demi-heure à trois quarts d'heure. En cocotte, un temps nécessairement plus long est à prévoir.

6 personnes

1,200 kg de collier d'agneau, 1 kg de carottes, 5 pommes de terre, 1 oignon, 2 cuillerées à soupe de concentré de tomate, 1 cuillerée à soupe d'huile d'olive, ¼ de l de vin blanc sec, thym et laurier.

LAPIN AU COULIS DE LENTILLES

Cette façon d'accommoder le lapin, en vogue dans les grandes maisons bourgeoises du XVIIIe siècle, s'est peu à peu perdue. Désaffection pour les lentilles ou bien recherche de préparations plus riches ? Des préventions qui n'existent plus de nos jours, bien au contraire... Le lapin trouve ici une sauce onctueuse et parfumée à sa mesure, dont la finesse naturelle n'a rien à envier à celle de toute autre sauce liée à la farine ou à la crème.

Pour faire cuire le lapin, faire tout d'abord revenir dans un fond de cocotte la poitrine coupée en morceaux, l'oignon émincé et les morceaux de lapin avec un peu d'huile. Couvrir avec le bouillon. Ajouter bouquet garni, sel et poivre et laisser cuire doucement pendant 45 à 50 minutes.

Le coulis de lentilles est une purée très liquide faite avec l'eau de cuisson des lentilles. Un oignon piqué de clous de girofles ajouté en début de cuisson parfume agréablement les lentilles. Une fois cuites, celles-ci sont écrasées au moulin à légumes de préférence, afin de les débarrasser de leur peau.

Lorsque le lapin est cuit, mélanger le bouillon dans lequel il a mijoté au coulis de lentilles et laisser réduire à petit feu le temps nécessaire pour obtenir une sauce parfaitement liée et onctueuse. Ajouter alors les morceaux de lapin pendant quelques minutes.

Servir les morceaux de lapin nappés de sauce sur des croûtons frits.

4 ou 5 personnes

1,200 kg de lapin, 150 g de poitrine salée, 2 oignons, 3 clous de girofle, 500 g de lentilles vertes du Puy, 1 l de bouillon, 1 bouquet garni.

POT-AU-FEU

Il n'est pas, dit-on, de vrai livre de cuisine sans la recette du pot-au-feu. Au cours des âges, le pot-au-feu a fait et fait encore figure de plat national. Il a acquis valeur de symbole. "Bien des institutions usées et chancelantes passeront, le pot-au-feu ne passera pas", disait déjà au XIXe siècle le Cuisinier européen *à ses lecteurs... Certains restaurants ne s'y sont pas trompés qui le proposent aujourd'hui encore à leurs habitués.*

Préparé dans les règles de l'art, c'est-à-dire en respectant quelques principes essentiels mis au point depuis les temps les plus reculés et qui relèvent en fait de la pure science chimique, le pot-au-feu s'accommode néanmoins de toutes les fantaisies dans le choix des viandes, des légumes et de l'assaisonnement. A chacun d'exercer ses talents pour le bonheur de ceux qui seront conviés à le déguster.

Dans une grande marmite, en terre de préférence, mettre les morceaux de viande entiers avec 2,5 litres d'eau salée *froide*. Ajouter l'os à moelle ou, à défaut, un autre morceau d'os porposé par le boucher. La présence d'un os est indispensable pour donner au bouillon une délicieuse onctuosité. Commencer la cuisson avec un feu qui ne soit pas trop vif afin de permettre à la viande de libérer l'albumine qu'elle contient. Celle-ci se coagule à la surface de la marmite et doit être écumée au fur et à mesure. Lorsque toute l'écume a été enlevée, on peut ajouter carottes, navets, oignons piqués de clous de girofle, ail et queues de persil (éventuellement pois chiches). Les carottes et les navets ajoutent une saveur très agréable au bouillon lorsqu'ils ont été préalablement rissolés à la poêle dans un peu de saindoux.

Les poireaux liés en botte avec les branches de céleri ne sont ajoutés qu'une heure plus tard.

La cuisson se poursuit alors à petit feu. Pour obtenir un bouillon de qualité ayant recueilli tous les sucs de la viande, le pot-au-feu doit bouillir très doucement, à la limite frémir, pendant 2 ou 3 heures, selon la saveur recherchée.

Avant de servir, dégraisser le bouillon en le filtrant à travers une passoire garnie d'un linge. Lorsque le pot-au-feu a été préparé la veille, il est facile de dégraisser le bouillon à l'aide d'une simple écumoire.

On peut prévoir un accompagnement de pommes de terre. Auquel cas, il est préférable de les pré-cuire à la vapeur et de ne les mettre dans la marmite qu'à la fin. On évitera ainsi qu'elles ne se mettent en miettes. De la même manière, si l'on souhaite ajouter un chou dont la saveur convient ici parfaitement, il convient de le cuire à part pour éviter que son parfum trop fort ne prédomine.

Moutarde et cornichons sont l'accompagnement traditionnel du pot-au-feu. On peut prévoir toutes autres sortes de condiments ou de sauces épicées.

6 personnes

1 kg de bœuf (culotte de préférence), 200 g de collet de mouton, 1 os à moelle, 250 g de carottes, 200 g de navets, 3 poireaux, 2 branches de céleri, 1 chou vert (facultatif), 250 g de pois chiches (facultatif), 2 oignons, 2 clous de girofle, 2 gousses d'ail, quelques queues de persil.

Notes personnelles :

POULET AU CITRON

Cette manière très simple d'apprêter le poulet grillé permet de redonner un peu de caractère aux poulets qui en sont bien dépourvus et qui ont tendance à envahir marchés et supermarchés. Si, par chance, on peut dénicher cet oiseau rare qu'est le poulet nourri véritablement à la ferme, la préparation n'en sera que plus savoureuse.

Une petite marinade de quelques heures dans un mélange fait de vin blanc, d'aromates finement hachés, d'un peu d'huile d'olive et d'un jus de citron rend la chair du poulet plus moelleuse. Il faut pour cela couper le poulet en morceaux.

Au sortir de la marinade, bien essuyer les morceaux et les faire dorer au gril du four juste le temps nécessaire pour que chaque face prenne une belle couleur blonde.

Dans le fond d'un plat allant au four mettre les oignons émincés, qui auront été préalablement blondis dans une casserole à part avec un peu d'huile. Ranger au-dessus les morceaux de poulet bien à plat les uns à côté des autres. Arroser d'un filet d'huile d'olive et couvrir de rondelles de citron, sel, poivre et cardamome. 20 à 25 minutes de cuisson à four chaud suffisent. Préparer par ailleurs la sauce à partir de la marinade que l'on fait bouillir jusqu'à ce qu'elle ait réduit suffisamment. La verser dans le plat de cuisson du poulet, après avoir retiré les morceaux de poulet que l'on garde au chaud dans le plat de service. Laisser mijoter 2 à 3 minutes. Ajouter la crème fraîche et le jus d'un demi-citron en laissant chauffer sans bouillir. Au moment de servir, verser la sauce sur les morceaux de poulet.

Un accompagnement de riz complet cuit à l'eau avec deux feuilles de laurier et assaisonné d'une noix de beurre est particulièrement recommandé.

Chaque fois que l'on peut disposer de citrons verts, leur emploi est préférable à tous autres. La sauce n'en sera que plus parfumée et moins acide.

6 personnes

1 beau poulet, 2 citrons ½ (ou 3 citrons verts), 2 oignons, estragon, basilic, persil et sauge, ¼ l de vin blanc, 1 dl d'huile d'olive, 10 cl de crème fraîche, 4 graines de cardamome.

Notes personnelles :

DORADE AU FOUR

La dorade grise, ou mieux encore la dorade rose, est un excellent poisson dont la grande délicatesse et la saveur très fine ont assuré la réputation depuis les âges les plus reculés. Grâce aux techniques modernes de pêche, on en trouve aujourd'hui à peu près sur tous les marchés, particulièrement au printemps, époque où les dorades aiment à frayer à l'embouchure des rivières.

Lorsque la dorade vient juste d'être sortie de l'eau, la meilleure façon d'en apprécier toute la saveur est de la servir grillée après une simple marinade dans l'huile additionnée de sel et de branches de persil.

Sinon, on préférera la cuire au four avec un bon vin blanc sec qui en exalte la saveur.

Il faut un grand plat, de préférence en terre, dans lequel le poisson entier puisse être posé à plat. Sur le fond du plat, on dispose des petits morceaux de beurre et les rondelles d'oignon avant de mettre le poisson. Arroser d'un peu d'huile d'olive et couvrir de rondelles de citron, la sauce n'en sera que meilleure. Mettre le vin, sel et poivre, et enfourner à four chaud pendant 25 à 30 minutes.

En guise d'accompagnement, on peut faire cuire également avec le poisson quelques tomates, à condition toutefois de les avoir bien débarrassées de leur eau qui risquerait d'affadir le plat.

6 personnes

1 belle dorade (1,2 kg), 1 oignon, 50 g de beurre, 2 cuillerées à soupe d'huile d'olive vierge, 1 citron, 30 cl de vin blanc sec, 10 à 15 grains de coriandre, 2 graines de cardamome (facultatif).

TIMBALE DE MACARONIS

Avec la timbale à l'ancienne qui triomphait en entremets dans les dîners au siècle dernier, cette modeste préparation de macaronis n'a gardé qu'une lointaine parenté. Comme l'air d'une chanson dont on aurait adapté les paroles... Le moule semblable à une grande timbale demeure indispensable même s'il n'est plus comme jadis en argent. En revanche, l'assaisonnement des macaronis est composé plus simplement de quelques éléments de garniture destinés à enrichir un banal plat de pâtes pour en faire un plat familial complet.

La cuisson des macaronis, à grande eau bouillante comme il est de rigueur, ne doit pas être menée tout à fait à son terme, les macaronis devant cuire à nouveau dans la sauce lorsqu'ils sont mis en timbale.

La sauce est composée d'une béchamel allégée avec un peu de crème fraîche et parfumée d'une pointe de muscade dans laquelle on ajoute œufs durs coupés en quartiers, petits champignons sautés au beurre, morceaux de poitrine salée légèrement rissolés, gruyère et parmesan. On peut, à loisir et selon le goût, compléter la garniture avec des olives par exemple ou encore des restes de poulet.

Garnir un moule à charlotte bien beurré avec les macaronis mélangés à la sauce et mettre au four pendant 10 minutes.

Si l'on souhaite une préparation plus savoureuse encore mais un peu plus longue, on peut napper la timbale, une fois démoulée, avec un coulis de tomates fraîches.

6 personnes

500 g de macaronis, 3 œufs, 150 g de poitrine salée, 200 g de champignons, muscade, 50 g de gruyère râpé, 50 g de parmesan, 100 g d'olives (facultatif), 1 gousse d'ail (facultatif).

Pour la sauce béchamel : ½ l de lait, 10 cl de crème fraîche, 50 g de beurre, 3 cuillerées à soupe de farine.

CAROTTES CHANTEPIE

Légume d'hiver par excellence, les carottes ont de nos jours une image de marque plutôt austère, celle d'un plat de régime qui serait réservé aux jours de sage économie familiale ou, au mieux, à l'accompagnement de quelque viande en sauce.

Voici une façon de les accommoder en forme de soufflé qui devrait faire succomber quelques opposants, même parmi les plus farouches. La pulpe de carotte retrouve sa véritable saveur fruitée dès lors qu'elle est débarrassée de toute l'eau inutile qu'elle recèle. La préparation à base de crème fraîche et d'œufs montés opère ensuite la transformation en faisant d'une modeste purée de carottes un glorieux soufflé apparaissant sur la table tout gonflé sous son chapeau orangé moucheté de vert.

Les carottes que l'on trouve sur les marchés sont toutes prêtes à cuire. Plus question de se noircir les mains en les débarrassant de leur peau. Rabotées, lavées, calibrées, privées de leurs fanes, elles ont certes perdu leur aspect sauvage de racine, mais n'en sont que plus faciles à apprêter. La cuisson à la vapeur est recommandée pour éviter qu'elles ne se gonflent encore d'eau. De toutes façons, les carottes cuites et passées au presse-purée donnent une purée qui doit être mise à égoutter dans un chinois pendant un minimum d'une ou deux heures. Si l'on ne prend pas cette précaution, le soufflé pourrait avoir quelque difficulté à prendre.

La préparation du soufflé consiste à battre les jaunes d'œufs avec la crème, sel, poivre et muscade. Ce mélange est alors incorporé à la purée de carottes, sans oublier d'ajouter le persil haché ou mieux encore du cerfeuil. L'ail demeure facultatif. En revanche, les blancs montés en neige juste avant d'enfourner sont la clé du soufflé.

La cuisson à four chaud dans un bain-marie nécessite de 25 à 30 minutes environ. Comme tout soufflé, les carottes Chantepie n'aiment pas qu'on les fasse attendre au sortir du four !

6 personnes

1,2 kg de carottes, 30 cl de crème fraîche, 6 œufs, 1 bouquet de persil ou cerfeuil, muscade, 1 gousse d'ail.

Notes personnelles :

RISOTTO DE VOLAILLES

L'art d'accommoder les restes trouve ici une illustration à la fois savoureuse, rapide d'exécution, et de peu de prix. L'imagination aidant, l'on pourra tout à loisir combiner assaisonnement et parfums appropriés avec d'autant plus de liberté que le riz s'en accommode d'un très grand nombre. A noter d'ailleurs que la cuisson du riz en risotto, c'est-à-dire le riz sec mis à revenir dans du gras avant d'ajouter le liquide, constitue l'une des manières les plus sûres pour obtenir un riz dont les grains se détachent parfaitement. Inutile, dès lors, d'avoir recours aux riz traités anticolle, dépourvus, par le fait même, de leur saveur naturelle comme de leurs principaux éléments nutritifs.

Dans le fond d'une cocotte, faire blondir l'oignon émincé dans l'huile. Il ne doit surtout pas roussir. Le riz non lavé est alors versé et mis à revenir. Remuer fréquemment pour éviter que certains grains ne prennent une teinte dorée. Les grains doivent simplement devenir d'une couleur nacrée presque translucide. A ce point de cuisson, mouiller avec le liquide bouillant. Il est plus savoureux d'utiliser du bouillon réalisé à partir des carcasse et abattis de poulet. La proportion de liquide par rapport au riz doit être respectée, c'est elle qui définit le temps exact de cuisson. Il ne reste plus alors qu'à mettre l'assaisonnement de sel, thym, laurier, ail écrasé, coriandre. Quelques graines de cardamome ajoutent un parfum subtil. Couvrir et cuire à petit feu jusqu'à ce que le liquide soit complètement évaporé. On compte 20 à 25 minutes.

A mi-cuisson, ajouter la chair qui aura été enlevée de la carcasse, du cou et autres abattis du poulet avant de les faire bouillir pour la préparation du bouillon. Mettre également le foie et le gésier du poulet préalablement sautés dans un peu de beurre. On peut également ajouter tous autres éléments de garniture (petits champignons sautés au beurre, etc.), mais ceci n'est pas indispensable.

6 personnes

3 verres de riz, 6 verres de bouillon, 3 cuillerées à soupe d'huile vierge, 1 gros oignon, 1 carcasse de poulet, abattis et abats, 1 feuille de laurier, 1 brin de thym, 1 gousse d'ail, 10 graines de coriandre, 3 graines de cardamome.

Notes personnelles :

POMMES GRAND-MÈRE

Combien de grands-mères sont-elles condamnées, sous prétexte de régime, à leur pomme quotidienne cuite au four sans autre apprêt qu'un peu de sucre ? Combien d'entre elles n'ont-elles pas le secret espoir de voir la modeste pomme cuite se parer, pour un soir, de quelque accessoire gourmand ? Pour sûr, il suffit de si peu de chose... Que toutes les grands-mères, gourmandes ou non, soient ici rassurées. Cette recette leur est spécialement dédiée.

Dans un grand plat allant au four, ranger les toasts préalablement beurrés de chaque côté. On pose alors sur chaque toast une pomme non pelée dont le centre est évidé. Dans l'orifice ainsi pratiqué, juste une noix de beurre et un peu de sucre pour saupoudrer le tout. La cuisson doit être menée à feu doux pour que la pomme cuise lentement de l'intérieur sans se désagréger et que le pain ne brûle pas. A mi-cuisson, on ajoute le vin et le reste de sucre.

Il faut compter au total 20 à 30 minutes de cuisson selon la qualité des pommes utilisées.

Servir les pommes tièdes directement dans le plat de cuisson, accompagnées de gelée de groseille.

6 personnes

6 belles pommes, 6 toasts, 75 g de beurre, 60 g de sucre en poudre, 10 cl de vin doux sucré (muscat, pineau, etc.), gelée de groseille.

BEIGNETS AUX POMMES

A toutes les époques, par tous les temps, sur toutes les tables, le beignet aux pommes s'est toujours taillé un franc succès. Croustillant et doré à l'extérieur, moelleux et parfumé à l'intérieur, il apporte à la fin du repas le plus simple cette note chaleureuse qui met le cœur en fête.

Les Chinois en font un de leurs desserts préférés. Label de qualité, s'il en est...

Choisir de préférence de belles pommes reinettes bien fermes. Les pommes courantes du type Golden peuvent également faire l'affaire mais leur parfum naturel un peu douceâtre exige alors d'être relevé. Quels que soient les fruits choisis, le secret consiste à faire macérer les rondelles de pommes préalablement saupoudrées de sucre dans un peu de cognac ou de rhum pendant près d'une heure.

La pâte à frire doit, elle aussi, être préparée assez longtemps à l'avance pour permettre à la bière d'agir à la façon d'un levain. Au fouet ou au mixer, le mélange de la farine avec l'huile, la bière, l'œuf entier, le sucre en poudre et la pincée de sel donne une pâte parfaitement lisse. Ni trop liquide, ni trop épaisse, elle doit pouvoir adhérer à la rondelle de pomme sans pour autant coller. Pour ce faire, il est prudent d'ajouter le lait tiède petit à petit jusqu'à obtenir la consistance souhaitée.

Au moment de frire, le mélange dans lequel les pommes ont macéré peut être ajouté à la pâte pour parfumer plus complètement.

Au sortir de la bassine de friture, les beignets dorés à point sont abondamment saupoudrés de sucre glace et apportés brûlants sur la table.

6 personnes

4 pommes, 125 g de farine, 1 œuf, 1 cuillerée à soupe d'huile, 1 dl de bière, 1 petit verre de cognac ou de rhum, 50 g de sucre en poudre, 1 dl de lait tiède, 1 pincée de sel, sucre glace.

PAIN D'ÉPICE

Anis vert, gingembre, cannelle... des mots dont la seule évocation fait rêver aux délices parfumées de l'Orient, aux pâtisseries chargées de miel et de saveurs exotiques, aux caravanes de jadis qui cheminaient pendant de longs mois jusqu'aux confins de l'Occident avec leurs précieux chargements d'épices.

On raconte que Taillevent, le célèbre premier queux de Charles V, eut l'idée d'associer anis vert, gingembre et cannelle pour parfumer ses fameuses pâtes à tarte. Issu de cette lointaine tradition, le pain d'épice a traversé les âges, même si le célèbre cake anglais lui a ravi, pendant un temps, la place de choix à l'heure du thé.

Le choix d'un miel d'excellente qualité, de lavande ou de bruyère, s'impose. Celui-ci sera, de préférence, liquide. A défaut, il faut le mélanger au lait et le mettre à fondre doucement à petit feu. Il s'incorpore alors sans peine à la farine. L'usage d'un mixer permet d'obtenir une pâte bien travaillée à laquelle viennent s'ajouter le jaune d'œuf, le bicarbonate, les épices, le zeste d'orange finement coupé, et, pour finir, le blanc monté en neige.

Mettre la pâte dans un moule de forme allongée abondamment beurré et enfourner à feu très doux pendant 1 h 15 environ.

6 personnes

250 g de farine bise, 250 g de miel, 1 œuf, ⅛ l de lait, ½ cuillerée à café de bicarbonate, ½ cuillerée à café d'anis vert, 1 cuillerée à café de gingembre en poudre, 1 cuillerée à café de cannelle, 1 zeste d'orange.

SALUT LES COPAINS

BRANDADE DE MORUE EN CHAUSSONS

Traditionnellement réservée au repas du vendredi et au gros souper de la nuit de Noël, la brandade de morue a depuis longtemps dépassé les frontières de la Provence. La préparation traditionnelle dans les règles de l'art de cette morue qu'il fallait longuement remuer sur le coin du fourneau pour y incorporer lait et huile n'est plus de circonstance. La brandade que l'on trouve toute prête en conserve sur les rayons des supermarchés convient parfaitement. A quelques détails près, elle possède toutes les qualités de celle dont le célèbre cuisinier Durand de Nîmes mit au point la recette.

Il s'agit d'un mets très riche qui doit être consommé en petite quantité. Sa présentation en chaussons, ou bien, plus sophistiquée, en vol-au-vent, en fait une entrée originale qui peut d'ailleurs être servie dès l'apéritif avec un vin cuit ou un vin de fruit (orange, pêche, noix, etc.)

Pour confectionner les chaussons, il convient tout d'abord de découper la pâte feuilletée en cercles de 7 à 8 cm de diamètre. On prépare ensuite la brandade en complétant l'assaisonnement par de la noix de muscade râpée et une gousse d'ail écrasée. La seule véritable difficulté consiste à réaliser une fermeture hermétique du chausson pour éviter qu'à la cuisson il ne se mette à bâiller et ne laisse ainsi échapper une partie de sa garniture. Le conseil donné par les maîtres en pâtisserie consiste à mouiller avec de l'eau froide le bord de la pâte avant de rabattre le dessus du chausson et d'écraser fortement les deux bords l'un sur l'autre avec les dents d'une fourchette.

Pour obtenir une pâte joliment dorée, il suffit de badigeonner la face extérieure de chaque chausson avec un jaune d'œuf battu. Mettre à four chaud pendant 20 à 25 minutes et servir au sortir du four.

20 à 22 chaussons

400 g de pâte feuilletée, 250 g de brandade de morue, noix de muscade, 1 gousse d'ail, 1 jaune d'œuf.

Notes personnelles :

SOUPE A L'AIL

*L'*aïgo boulido *des Provençaux (l'eau bouillie) dont les vertus thérapeutiques sont multiples, pour chasser notamment les embarras gastriques, devient un consommé au parfum subtil digne des meilleures tables dès lors qu'elles est émulsionnée avec des jaunes d'œufs frais. La sauge lui donne son vrai titre de noblesse.*

La décoction que l'on obtient après avoir fait longuement bouillir les gousses d'ail et les feuilles de sauge relève de la pure alchimie. C'est tout dire !

La préparation de la soupe n'exige aucun talent particulier mais un minimum d'attention au moment de la finition.

Après avoir fait bouillir les gousses d'ail préalablement débarrassées de leur germe et coupées en morceaux avec les feuilles de sauge pendant un bon quart d'heure, le liquide est passé au chinois, puis versé sur les jaunes d'œufs. Le mélange ainsi obtenu est remis sur feu très doux en ne cessant de remuer jusqu'au moment où il commence à épaissir et à napper la cuillère. Veiller attentivement à ce qu'il ne prenne pas le bouillon. La soupe est alors prête.

Ajouter l'huile d'olive et apporter aussitôt la soupière brûlante sur la table.

Des croûtons de pain passés au four sont généralement servis comme garniture.

6 personnes

16 gousses d'ail, 10 feuilles de sauge séchée, 5 œufs, 1,75 l d'eau, 1 cuillerée à soupe d'huile d'olive.

GÂTEAU DE FOIES DE VOLAILLES

Avec son petit air bonne femme, ce gâteau est le type même de préparation culinaire dans laquelle l'imagination peut prendre une large place pour combiner, au gré de la fantaisie du moment, viandes, assaisonnements et aromates.

De l'art d'accommoder les foies de volailles...

Les foies de poulet ou, mieux encore, ceux de canard seront préférés à tous autres. Les faire d'abord revenir dans une poêle pendant quelques minutes avec un peu d'huile et la gousse d'ail écrasée. Passer ensuite à la moulinette ou au mixer. Passer également au mixer la chair du poulet rôti.

Il faut alors lier les deux viandes ensemble avec de la mie de pain trempée dans du lait bouillant et bien essorée. Ajouter au mélange crème fraîche, jaunes d'œufs, persil haché, sel, poivre, gingembre et, pour terminer, la neige de blancs d'œufs.

Dans un moule à flan beurré et enduit de chapelure, verser le mélange et mettre dans un bain-marie pendant une demi-heure environ.

Une fois démoulé, le gâteau est nappé d'un coulis de tomates fait comme il est dit p. 38.

8 personnes

400 g de foies de volailles, l'équivalent d'un petit poulet rôti, 100 g de mie de pain, ¼ de l de lait, 3 œufs, 2 cuillerées à soupe de crème fraîche, 1 gousse d'ail, 1 petit bouquet de persil, 1 grosse pincée de gingembre.

SOUFFLÉ DE CRUSTACÉS

Il faut savoir parfois céder à la facilité qu'offrent les conserves. Préparer un homard en bisque ou dépecer un tourteau jusque dans ses moindres replis demande un luxe de temps que bien peu pourraient s'offrir. Les conserves de crabe émietté ou de bisque n'ont certes rien de comparable avec des produits frais, mais elles permettent ici de préparer une entrée qui ne manque pas de finesse et reste somme toute économique. Un impératif néanmoins à ne pas oublier : le soufflé n'attend pas, il fait attendre.

On prépare un fond de béchamel avec la farine légèrement cuite dans le beurre. Mouiller avec le lait et ajouter la bisque de conserve. Quelques minutes de cuisson suffisent pour obtenir une crème assez épaisse.

En dehors du feu, on ajoute les jaunes d'œufs l'un après l'autre, la crème fraîche, les miettes de crabe, sel et poivre. Juste avant d'enfourner, incorporer une neige de blancs d'œufs très ferme. Verser alors le mélange dans un plat de service allant au four et compter 25 minutes à four moyen. Si l'on préfère utiliser des ramequins individuels, le temps de cuisson s'en trouvera raccourci.

4 ou 5 personnes

300 g de bisque de homard, 150 g de crabe en miettes, 35 cl de lait frais, 2 cuillerées à soupe de crème fraîche, 2 cuillerées à soupe de farine, 15 g de beurre, 4 œufs.

RÔTI DE PORC AUX POMMES

Avec l'arrivée des premières bourrasques de l'automne, quand il faut songer à reprendre des habitudes plus casanières, on aime à retrouver l'ambiance chaleureuse d'une grande table entourée de copains. Et si d'aventure une odeur de pommes cuites s'échappe de la cuisine, il peut bien pleuvoir, venter ou commencer à geler... peu importe, dès lors qu'il fait chaud au cœur.

Le porc est l'une des viandes qui s'accommode le mieux d'un accompagnement de purée de pommes. La cuisson du rôti de porc à la broche donne assurément les meilleurs résultats. A défaut, on peut également obtenir une viande parfaitement moelleuse et point trop grasse lorsqu'on la cuit en cocotte.

Dans un premier temps, les oignons doivent revenir doucement dans un peu d'huile au fond de la cocotte. Lorsqu'ils commencent à blondir, les retirer et mettre alors le rôti tartiné de moutarde sur toutes ses faces et piqué de clous de girofle. A feu vif, la viande est saisie et prend couleur.

On peut alors ajouter le lait qui doit arriver à mi-hauteur du rôti et compléter l'assaisonnement en remettant les oignons, sel, poivre et sauge. Laisser mijoter à petit feu une bonne heure en surveillant le liquide pour qu'il ne s'évapore pas complètement.

Pour préparer la purée de pommes, mettre les pommes pelées, épépinées et coupées en gros quartiers dans une sauteuse avec le morceau de beurre, sur feu doux. Elles sont prêtes à servir lorsqu'elles ont pris une teinte bien dorée et sont devenues complètement fondantes.

8 personnes

1,2 kg d'épaule, filet ou longe de porc, 1,5 kg de pommes reinettes, 500 g d'oignons, 35 cl de lait, 4 clous de girofle, 4 feuilles de sauge, moutarde forte, 50 g de beurre.

ÉPAULE D'AGNEAU BOULANGÈRE

L'âme paysanne enracinée au plus profond de chaque citadin reste rarement insensible à cette préparation, longuement mijotée, dans laquelle les pommes de terre, après avoir recueilli tous les sucs de la viande, exaltent la saveur de l'agneau rôti.

Jadis, à la campagne, le jour réservé à la cuisson du pain dans le four communal laissait peu de temps à la ménagère pour préparer aussi un repas. Profitant alors de la chaleur du four à pain, un simple plat de pommes de terre posé dans un coin du four pouvait cuire tout à loisir sans requérir d'attention particulière. Au temps pascal, à l'époque où les agneaux de l'automne viennent enrichir la table familiale, il suffisait d'ajouter aux pommes de terre une épaule ou un gigot et c'était alors la fête.

Ce plat se construit selon une architecture précise, par couches successives, dans un plat de préférence en terre et suffisamment vaste pour contenir à la fois les pommes de terre et le rôti.

Dans un premier temps, il est sage de rassembler autour du plat choisi tous les composants, c'est-à-dire les pommes de terre coupées en fines rondelles, le gruyère râpé, la crème fraîche, la muscade, le presse-ail.

Le beurre coupé en petits morceaux est mis au fond du plat. On place alors une couche de pommes de tere, puis un peu de crème fraîche, un peu de gruyère, un peu d'ail écrasé, un peu de muscade râpée, sel et poivre. Et on recommence jusqu'à épuisement des pommes de terre. Le lait est ajouté de sorte qu'il imbibe largement les pommes de terre jusqu'aux 2/3 de leur hauteur.

Il ne reste plus qu'à poser, sur le dessus, l'épaule roulée, piquée de quelques petits morceaux d'ail (facultatif) et d'enfourner à feu très doux pendant une bonne heure.

Le parfum qui se dégage du four embaume la cuisine et excite généralement très fort l'appétit de ceux qui viennent à y passer.

6 personnes

1 kg à 1,2 kg d'épaule d'agneau roulée, 1,2 kg de pommes de terre, 20 cl de crème fraîche, 20 cl de lait, 20 g de beurre, 100 g de gruyère, 2 gousses d'ail, muscade.

Notes personnelles :

CASSOULET TOULOUSAIN

Déguster un cassoulet est une véritable célébration qui se fait entre joyeux convives dotés d'un bel appétit, par une froide journée d'hiver. Les esprits chagrins y puiseront le goût de vivre, en revanche, les peseurs de calories devront s'abstenir...

Haut en goût, riche en éléments énergétiques, ce plat est d'autant plus savoureux qu'il aura mijoté plus longtemps. Il gagne à être préparé la veille et réchauffé pendant une heure avant de servir.

La confection d'un cassoulet exige de prendre le temps nécessaire afin de ne négliger aucune des étapes successives où chaque opération a son importance. La cuisson des haricots qui constituent la base du plat se fait en deux fois. Préalablement mis à tremper à l'eau froide avec une pincée de bicarbonate pendant plusieurs heures, les haricots sont tout d'abord blanchis, c'est-à-dire mis sur le feu dans l'eau froide. Retirés après cinq minutes de bouillon et égouttés, ils sont alors remis dans la marmite, couverts d'eau bouillante cette fois et mis à cuire pendant une heure.

On prépare par ailleurs la garniture du plat. Oignons, échalotes et lard maigre sont revenus à la poêle avec un peu de la graisse d'oie entourant les manchons de canard. Ceux-ci sont à leur tour passés à la poêle quelques minutes. La saucisse est grillée.

Lorsque garniture et haricots sont prêts, il ne reste plus qu'à construire le cassoulet. Le choix d'une large terrine en terre cuite allant au four est déterminant. Le plat emprunte précisément son nom à la casserole en terre qui sert à sa préparation (dans le pays d'oc, "cassolo" ou bien, avec une pointe d'affection "cassouleto").

Tapisser le fond de la terrine avec les couennes. On ne saurait trop conseiller d'y mêler quelques couennes de jambon rancies qui ajoutent une saveur supplémentaire tout à fait appropriée. Mettre ensuire une couche de haricots, les manchons de canard, le mélange d'oignons et de lard maigre, le jambon coupé en morceaux, le morceau de palette entier, les tomates fraîches et la saucisse coupée en morceaux. L'ail écrasé en grande quantité est indispensable. Son parfum mêlé aux autres ne prédominera pas pour autant et la présence d'une grande quantité d'ail rend le plat particulièrement digeste.

Saler et poivrer abondamment avant de recouvrir de haricots. Ajouter de l'eau presque jusqu'au niveau supérieur de la préparation.

Le cassoulet est alors prêt à enfourner. Il doit cuire à four moyen pendant trois heures au moins.

10 personnes

1 kg de haricots blancs (lingots de Vendée), 10 manchons de canard confits, 1 oignon, 2 échalotes, 400 g de lard maigre (ou ventrèche), 200 g de couennes de porc, 25 g de couennes de jambon rancies, 200 g de talon de jambon, 500 g de palette de porc, 3 tomates fraîches, 3/4 de tête d'ail, 500 g de saucisse de Toulouse, bicarbonate de soude.

Notes personnelles :

FILETS DE SARDINES CRUES

"Approche ma jolie, viens voir ma belle matinée !", ainsi que le chantent les poissonnières du port de Sète pour annoncer l'arrivée des sardines pêchées au petit matin. Comment résister à semblable invitation ?

Juste sorties de l'eau, les sardines n'ont pas besoin d'autre apprêt qu'un filet d'huile d'olive, un jus de citron et quelques herbes parfumées. Quel régal, les amis, goûtez donc la belle matinée !

La seule difficulté véritable consiste à trouver des sardines très fraîches. Elles sont reconnaissables à leur couleur brillante et à leur rigidité.

La préparation est ensuite très simple. On découpe les filets de sardines. Il faut pour cela enlever à chaque poisson sa tête, sa peau et toutes les arêtes. On dispose les filets sur un plat et on les arrose avec le mélange d'huile d'olive, de citron, de poivre rose et d'herbes hachées menu. Saler et mettre au froid pendant 30 minutes avant de servir.

Si l'on ne dispose pas de citrons verts, il convient de diminuer la proportion de jus de citron.

6 personnes

1 kg de sardines très fraîches, 1 dl d'huile d'olive vierge première pression, 3 citrons verts, poivre rose, feuilles de basilic, 2 feuilles de sauge, 1 petit bouquet de persil.

BEIGNETS DE POISSON

En toute saison, l'étal du poissonnier présente généralement un bel assortiment de filets de poissons. Paresse ou nécessité ? Peu importe, le fait est là, les filets de merlan, de colin ou de lieu, ou encore les filets de dorades, attirent un nombre sans cesse croissant d'amateurs.

Facile à préparer, certes, le poisson en filets d'une espèce particulière quelque peu désincarnée est souvent d'une saveur bien décevante lorsqu'il arrive sur la table. Il suffit alors à l'imagination de prendre le relais et le plus banal filet de merlan devient le support de quelque préparation tout à fait savoureuse. Tels ces beignets que l'on peut présenter, selon l'humeur des convives, avec un accompagnement de sauce verte et de salade finement ciselée.

La friture des beignets se fait à la dernière minute, juste avant de servir. En revanche, leur préparation exige de s'y prendre un peu à l'avance afin de permettre aux morceaux de poisson de mariner un long moment dans l'huile d'olive, le jus de citron et le gingembre frais râpé.

La pâte à frire est, elle-même, préparée à l'avance pour laisser à la bière le temps d'agir comme un levain. Les blancs d'œufs, montés en neige, sont ajoutés à la pâte au moment de frire.

La sauce verte, qui peut être servie en accompagnement, est une mayonnaise parfumée avec persil, estragon et menthe ciselée, ainsi qu'un jus de citron.

4 personnes

400 g de filets de poisson, 125 g de farine bise, 10 cl de bière, 2 œufs, 1 cuillerée à soupe d'huile d'olive, ½ citron, ½ cuillerée à café de gingembre frais.

Pour la sauce : 1 jaune d'œuf, ½ cuillerée à café de moutarde à l'estragon, 2 dl d'huile, persil, estragon, menthe (facultatif), 1 citron.

SALADE COMPOSÉE

La composition d'une salade de légumes frais peut être variée à l'infini. Improvisation et combinaison des harmonies de couleurs selon les légumes de saison, c'est là tout son charme.

Même si l'on n'a pas la dextérité et la patience nécessaires pour découper les légumes en fines lamelles et les agencer en forme de fleur, d'oiseau ou de papillon, comme les Chinois aiment à le faire, il suffira d'un assortiment de couleurs plaisant à l'œil pour mettre la table en fête.

On choisira de préférence un grand plat très peu profond de façon à pouvoir disposer les légumes coupés en dés ou en rondelles par taches de couleur. Foisonnement à la manière d'un jardin anglais ou bien ordonnance régulière à la française, c'est à chacun d'en décider selon ses goûts.

Sur fond de feuilles de salade verte ciselée on peut ainsi combiner tout à loisir le rose des rondelles de radis, le blanc des lamelles de champignons citronnées (ou bien lamelles de chou cru) avec le vert tendre de l'avocat et l'orange des carottes râpées. Une pointe de rouge indispensable est donnée par la betterave (ou bien tomate en été). Olives noires, œufs durs et persil haché complètent l'harmonie.

Garder au frais sous un linge humide et arroser de vinaigrette juste au moment de servir.

6 personnes

1 petite salade verte, 1 botte de radis, 250 g de champignons de couche, 4 belles carottes, 2 avocats, 1 betterave rouge, 10 olives noires, 3 œufs durs (facultatif), 1 petit bouquet de persil, 1 citron, 3 cuillerées à soupe de vinaigrette.

PÂTES AU PISTOU

Qui n'a jamais été convié à un repas de pâtes au pistou un soir de juillet, quelque part du côté de Marseille ou dans la Provence environnante, imaginerait difficilement que l'on puisse faire ripaille avec autant d'enthousiasme autour d'un simple plat de pâtes. L'ail et le basilic mis en grande quantité ont des vertus euphorisantes qu'un vin rosé frais, indispensable en pareille circonstance, orchestre allègrement. Allegro ma non troppo...

La cuisson des pâtes, de préférence un peu fermes, n'appelle pas de commentaire particulier, sinon que l'eau de cuisson doit être abondamment salée.

Tout est dans la préparation du pistou. Celui-ci consiste à piler ensemble (pista en provençal) l'ail et les feuilles de basilic en y incorporant petit à petit une bonne huile d'olive comme on ferait une mayonnaise. Cette opération relativement longue peut être réalisée à l'aide d'un mixer, encore que l'action du mixer risque, lorsqu'elle est un peu trop violente, de réduire les feuilles de basilic en purée au lieu de simplement les écraser. Lorsque le pistou est prêt, on y ajoute le gruyère râpé.

Verser la sauce sur les pâtes brûlantes et mélanger soigneusement sur le coin du feu pour que le gruyère ait le temps de fondre. Ni l'ail ni l'huile ne doivent cuire. Les pâtes au pistou doivent être mangées très chaudes.

Les proportions données ici n'ont qu'une valeur indicative. Pour obtenir un plat vraiment haut en goût, il ne faut pas hésiter à augmenter la dose d'ail et de basilic.

6 personnes

700 g de grosses pâtes à l'italienne, 1 pot entier de basilic, 4 ou 5 gousses d'ail, 3 dl d'huile d'olive vierge première pression, 100 g de gruyère râpé.

GALETTE AU FROMAGE DE CHÈVRE

Elle emprunte à la pissaladière niçoise, comme à la pizza venue d'Italie, son allure de galette de pain tartinée de tomates, anchois, fromage et aromates dont les parfums se combinent agréablement. Mais ici c'est le fromage de chèvre et non plus l'anchois qui tient la vedette. Une vedette très prisée en saison d'été quand les chèvres donnent à leur lait, alors moins abondant, sa véritable saveur.

Quelques copains, une galette de fromage de chèvre et un bon vin rouge font un repas plein de soleil. Et si d'aventure les copains n'aimaient pas le fromage de chèvre, qu'ils aillent se faire pendre ailleurs ! Ils découvriront alors ce qu'ils ont perdu...

C'est avec des fromages frais qui n'ont pas plus de deux ou trois jours que cette galette se prépare. Le choix de fromages point trop salés mais véritablement parfumés est donc important. Pendant la période de juin à octobre-novembre, on aura moins de chance de se tromper dans le choix des fromages. Il faut par ailleurs demander la veille au boulanger de réserver un morceau de pâte à pain. On ajoute à cette pâte un œuf, du beurre, et on pétrit avec un peu de farine jusqu'à ce qu'elle ne colle plus aux doigts.

Une fois étendue, la pâte ne doit pas avoir plus de 2 à 3 mm d'épaisseur. On la dispose sur le fond d'une tourtière en façonnant à la main un petit rebord de manière à ce que la préparation au fromage ne risque pas de s'échapper à l'extérieur en cuisant. Laisser reposer à température douce (20° au moins) pendant une ou deux heures.

Garnir ensuite la galette avec, successivement, une couche de rondelles de tomates, pelées et épépinées, ou de concentré de tomate, une couche de lamelles de fromage de chèvre, une couche de crème fraîche, sel, poivre, miettes de marjolaine, basilic haché, enfin une couche de gruyère râpé.

Enfourner à four chaud pendant 20 minutes.

La galette peut être servie au sortir du four ou bien tiède avec une salade verte.

6 personnes

3 fromages de chèvre frais, 200 g de pâte à pain, 1 œuf, 100 g de beurre, 100 g de farine, 3 tomates fraîches ou 2 cuillerées à soupe de concentré de tomate, 10 cl de crème fraîche, 40 g de gruyère râpé, basilic frais, marjolaine séchée.

Notes personnelles :

MOUSSE AU CHOCOLAT

Cette préparation au chocolat, qui s'apparente plus à un entremets qu'à un véritable dessert, connaît toujours de nombreux amateurs. Elle s'avère parfaitement adaptée pour conclure en douceur un repas tout simple entre copains ou bien pour fêter sans cérémonie quelque joyeuse circonstance. Déguster avec modération, car ici la gourmandise peut avoir de fâcheux effets...

La caractéristique de la mousse au chocolat est d'être une crème non cuite. Le chocolat est simplement mis à fondre à feu doux avec un peu d'eau. Avant de l'incorporer aux jaunes d'œufs, ceux-ci devront avoir été longuement travaillés avec le sucre au point de prendre une couleur laiteuse. Ne pas oublier d'ajouter le café soluble dont la saveur exalte celle du chocolat. Les blancs battus en neige, enfin, donnent à la mousse sa véritable consistance. Ils doivent être incorporés en soulevant doucement la pâte dans un mouvement ample pour leur permettre de garder tout leur volume.

La mousse n'est prête à servir qu'après avoir séjourné quelques heures au froid.

6 personnes

4 œufs, 200 g de chocolat noir amer, 1 cuillerée à soupe de poudre de café soluble, 2 cuillerées à soupe de sucre en poudre.

BUGNES LYONNAISES

On ne trouve plus ces petits moules en fer, aux dessins variés, que l'on utilisait spécialement à Lyon pour confectionner les bugnes le jour de la Chandeleur. Cette espèce particulière de beignets, à pâte excessivement fine et légère, n'en conserve pas moins de fervents adeptes, tout comme les oreillettes que l'on continue de faire en Provence également pour la Chandeleur. Bugnes ou oreillettes conviennent parfaitement pour accompagner un dessert de salade de fruits ou peuvent constituer, à elles seules, un somptueux goûter pour les enfants.

Pour préparer la pâte, il suffit de mélanger les œufs entiers, la farine, le sucre, l'huile et l'eau de fleur d'oranger. La boule de pâte ainsi obtenue doit être longuement pétrie. Compter environ ¼ d'heure. Cette opération est importante, elle donne aux beignets leur légèreté.

Laisser reposer une bonne heure avant d'étaler la pâte aussi fine que possible. Découper alors des petits rectangles de 6 à 8 cm de longueur et frire à la grande friture.

On saupoudre de sucre glace au sortir de la friture avant de disposer dans une grande corbeille.

Une grande corbeille

250 g de farine, 3 œufs entiers, 1 cuillerée à soupe de sucre semoule, 1 cuillerée à soupe d'huile d'olive, 1 cuillerée à soupe d'eau de fleur d'oranger, sucre glace.

SABLÉ ANGLAIS

Importée directement d'Angleterre, en douce bien sûr..., cette recette a de quoi séduire les adeptes de la cérémonie du thé. Avec un Darjeeling ou un Orange Pekoe provenant des meilleures maisons d'outre-Manche le sablé s'impose, doesn't it my dear?

Ce peut être également un agréable dessert avec un accompagnement de crème ou de fruits en macédoine.

La préparation de la pâte ne présente aucune difficulté particulière à condition de disposer de beurre ramolli. Celui-ci ne doit en aucun cas être mis à fondre sur le feu. Tous les ingrédients sont placés ensemble dans le mixer ou bien malaxés à la fourchette jusqu'à l'obtention d'une pâte qui doit être homogène bien qu'épaisse.

La pâte est ensuite disposée dans le moule choisi en fonction de la destination réservée au sablé (moule à tarte, moule carré ou bien petits moules individuels). Piquer le dessus à la fourchette et enfourner à four très doux pendant trois quarts d'heure à une heure. Le sablé doit cuire très doucement, et présenter en fin de cuisson une couleur blond doré.

Dès la sortie du four, découper le gâteau dans le moule, car le sablé durcit en refroidissant et devient alors trop friable pour pouvoir être découpé correctement. Laisser refroidir et démouler. On peut également découper la pâte avec un verre pour faire des petits sablés individuels qui peuvent alors être mis à cuire directement sur une tôle beurrée allant au four.

6 ou 8 personnes

250 g de farine, 50 g de crème de riz, 100 g de sucre en poudre, 200 g de beurre, 1 pincée de sel, zeste de citron râpé.

JOUR DE FÊTE

HUÎTRES A LA CRÈME

Il en va de l'histoire culinaire des huîtres comme de la marée. Flux et reflux des thèses opposées alternent au fil des temps. Jadis, les huîtres étaient si abondantes et de consommation tellement courante que les cuisiniers se plaignaient de devoir imaginer sans cesse de nouvelles préparations pour aider à les manger. Sautées, grillées, en ragoût, en hachis, les huîtres s'accommodaient alors de toutes les façons. Lorsque leur production a commencé à se raréfier, il est devenu de bon ton, dès le XIXe siècle, de ne plus les déguster qu'au naturel, c'est-à-dire crues au sortir de l'eau, et par petites quantités. Nécessité oblige ! Et puis, aujourd'hui, sous l'effet d'autres contraintes, le goût pour les huîtres chaudes revient, toujours servies en quantités plus petites...

Le parfum naturel de l'iode s'évapore un peu à la cuisson, certes, mais l'huître conserve toutes les qualités qui en font l'un des coquillages les plus fins.

En réalité, les huîtres ne doivent pas véritablement cuire. Elles doivent simplement être ébouillantées après avoir été débarrassées de leur coquille. Il ne faut jamais faire bouillir les huîtres car elles risqueraient de devenir dures et racornies.

Pour préparer la sauce, faire d'abord revenir dans le beurre, échalotte et persil hachés. Ajouter la farine et mouiller avec le vin blanc et l'eau des huîtres. La sauce doit cuire longuement et réduire jusqu'à ce qu'elle prenne une consistance onctueuse. Hors du feu, ajouter la crème fraîche.

Dans chaque petite cassolette individuelle, disposer trois huîtres nappées avec la crème et couvrir de chapelure. Passer quelques instants au gril avant de servir.

Il n'est pas conseillé d'utiliser directement les coquilles d'huître pour présenter le plat, en raison de l'amertume que la coquille peut libérer en chauffant.

6 personnes

18 huîtres, 30 gr de beurre, 1 échalotte, 6 brins de persil, 1 cuillerée à soupe de farine, 15 cl de vin blanc sec, 10 cl d'eau des huîtres, 10 cl de crème fraîche, chapelure.

Notes personnelles :

SAUMON EN TERRINE

Un peu de cuisine de prestige sied toujours à un repas de fête. Le saumon est déjà en soi un mets raffiné. La présentation en terrine ajoute la note d'élégance qui convient. Harmonie des couleurs vertes et roses pour le plaisir des yeux. Et, pour la joie du palais, saveur parfumée du poisson mise en valeur par l'accompagnement d'épinards et d'oseille.

Pour préparer la crème de saumon, commencer par enlever peau et arêtes du poisson et passer la chair au mixer. On incorpore alors, toujours à l'aide du mixer, 3 œufs entiers, 3 cuillerées à soupe de crème fraîche, le jus des citrons, gingembre râpé, sel et quelques tours de moulin de poivre rose.

La crème verte est faite avec les épinards, l'oseille, le persil, la ciboulette et les échalotes finement hachés au mixer, auxquels on ajoute les petits pois écrasés. Comme pour la crème de saumon, incorporer, ensuite, 3 œufs entiers, le reste de la crème fraîche, sel, poivre rose et une pointe de muscade.

Il ne reste plus, désormais, qu'à confectionner la terrine. Une terrine en terre de taille 3 convient parfaitement. Après avoir beurré les parois, mettre une première couche assez épaisse de crème de saumon, puis la crème verte et terminer par une petite couche de crème de saumon. Couvrir et cuire au four dans un bain-marie d'eau bouillante pendant 1 heure.

Il est préférable de laisser refroidir au frais pendant toute une nuit avant de démouler. Servir avec une mayonnaise citronnée.

Cette terrine se conserve parfaitement plusieurs jours. Elle présente ainsi l'avantage de pouvoir être préparée à l'avance.

8 ou 10 personnes

600 g de saumon frais, 6 œufs, 400 g d'épinards frais, 300 g d'oseille, 1 bouquet de persil, 200 g de petits pois (facultatif), 20 cl de crème fraîche, 2 échalotes, 2 citrons verts, 1 petite racine de gingembre frais, ciboulette, poivre rose, noix de muscade.

Notes personnelles :

PAIN D'AVOCAT

L'avocat, ce fruit que nos voisins britanniques qualifient, non sans humour, de poire pour crocodile, arrive des lointains horizons tropicaux par cargaisons entières au point que sa consommation est aujourd'hui banalisée sur toutes les tables.

Il se prête à de multiples préparations. Celle qui est proposée ici permet de garder à la pulpe du fruit toute sa saveur originale avec juste ce qu'il faut d'assaisonnement pour obtenir un goût équilibré d'une grande fraîcheur. Présenté en forme de pain allongé, ce plat constitue une entrée élégante.

La gélatine que l'on trouve aujourd'hui toute prête dans le commerce joue un rôle décisif dans l'élaboration du pain. C'est elle qui permet à l'édifice de tenir debout. Il convient de la préparer dès le début en faisant fondre doucement sur le feu les morceaux de gélatine avec le vin blanc et, au besoin, une cuillerée à soupe d'eau.

Lorsque la gélatine est bien fondue, la verser dans la pulpe d'avocat qui aura été préalablement mise en purée à l'aide d'un mixer ou d'un moulin à légumes. Ajouter le jus de citron, la moutarde et le poivre vert concassé. La préparation est prête. Il ne reste plus qu'à la verser dans un moule en pyrex de forme rectangulaire dont on aura pris soin de bien huiler les parois. Mettre au froid pendant au moins 12 heures. Au moment de servir, démouler et décorer le pain avec les crevettes roses.

Pour faciliter l'opération de démoulage, il est conseillé de plonger quelques instants le fond du moule dans l'eau chaude.

6 personnes

4 avocats, 1,5 citron ou 2 citrons verts, 4 feuilles de gélatine, 1 cl de vin blanc, ½ cuillerée à café de poivre vert, 1 cuillerée à café de moutarde au poivre vert, 3 crevettes roses.

SALADE DES TROPIQUES

On demande généralement à une entrée de flatter agréablement l'œil et le palais et d'ouvrir l'appétit sans pour autant l'entamer. La suite du repas risquerait de ne pas recevoir l'accueil mérité. Pamplemousse, avocat et crabe réunis en une salade raffinée présentent précisément les qualités de fraîcheur et de légèreté qui font apprécier ce type d'entrée au début d'un repas de fête.

Les pamplemousses doivent être débarrassés de la totalité de leurs peaux, externes et internes. Ceci exige un découpage minutieux de chaque fruit en petits cubes. La préparation de l'avocat est plus simple. Il suffit de le découper en lamelles et de citronner pour éviter qu'il ne noircisse. Quant au crabe, il provient généralement d'une conserve et nécessite seulement qu'on émiette sa chair.

Dans un saladier, mélanger le tout très doucement pour que le jus de pamplemousse reste à l'intérieur de la pulpe. Un excès de liquide ferait perdre toute consistance à la sauce. La mayonnaise au citron qui sert d'assaisonnement doit rester suffisamment épaisse pour napper toutes les composantes de la salade. Saler et poivrer selon le goût.

Cette salade se sert de préférence dans des coupelles individuelles garnies d'une feuille de laitue. Pour une présentation soignée, disposer sur le dessus de chaque salade un petit bouquet de feuilles de menthe.

6 personnes

2 pamplemousses rosés, 3 avocats, 150 g de crabe, 1 citron, 3 cuillerées à soupe de mayonnaise au citron, feuilles de menthe (facultatif).

TERRINE DE FOIES DE VOLAILLES

Son aspect extérieur bonne-maison et cérémonie-sans-façon a quelque chose de rassurant. La saveur des foies de volaille équilibrée par celle des autres viandes est néanmoins suffisamment fine pour faire de cette terrine une entrée qui sort de l'ordinaire. Il suffit alors d'adopter une présentation plus élaborée, en médaillons par exemple, ou bien d'ajouter, une fois n'est pas coutume, quelques truffes...

Comme toutes les terrines de viande, elle se conserve parfaitement pendant plusieurs jours et peut donc être préparée à l'avance en prévision de quelques festivités. Ce n'est pas l'une de ses moindres qualités.

On commencera par hacher finement à la main les foies de poulets ou de canards et le foie de porc. En revanche, l'échine et la graisse de porc peuvent être hachées à l'aide d'un mixer. On mélange ensuite toutes les viandes en ajoutant les œufs entiers, le cognac, les épices, sel et poivre. Il est conseillé de malaxer le tout à la main pour réaliser un mélange aussi homogène que possible. La fadeur du foie en général demande à être corrigée par une quantité suffisante de sel et de poivre.

Dans une terrine (taille n° 3), verser alors le mélange en tassant bien avec les doigts de manière à ce qu'il ne reste aucun vide. Décorer le dessus avec les feuilles de laurier et la branche de romarin et coller le couvercle de la terrine avec de la farine additionnée d'eau.

La cuisson se fait au four dans un bain-marie d'eau bouillante, pendant environ 1 h 15 à 1 h 30. Laisser refroidir dans le four. Verser alors la gelée liquide et mettre au frais.

6 ou 8 personnes

500 g de foies de poulet ou de canard, 175 g de foie de porc, 275 g d'échine de porc désossée, 150 g de graisse de porc non cuite dite panne de porc, 2 œufs, 1 cuillerée à soupe de cognac, 4 épices et poivre, 2 feuilles de laurier, 1 branche de romarin, ½ l de gelée, 1 ou 2 truffes (facultatif).

Notes personnelles :

PAIN AUX NOIX

Sur la table d'un buffet campagnard ou tout simplement à l'apéritif, les petits canapés tartinés d'un mélange de fromage de roquefort et de yaourt connaissent toujours un égal succès. Lorsque, de surcroît, l'on associe la saveur du roquefort à celle des noix, le plaisir est total. Assurément, le pain aux noix trouve ici son meilleur usage.

Il fait néanmoins bonne figure simplement coupé en tranches dans la corbeille à pain pour accompagner plats de viande ou dessert de fromages un jour de fête.

Pour préparer la pâte à pain, on peut fort bien utiliser à défaut de levain de boulanger, la levure chimique de boulanger que l'on met à dissoudre avec un peu de sucre en poudre et 3 cuillerées à soupe d'eau tiède pendant 10 minutes environ. Lorsque le mélange ainsi obtenu devient bien moussant, le verser dans une terrine avec les deux farines, le sel, les noix et ¼ de litre d'eau froide. Il faut alors pétrir longuement la pâte avec les mains, c'est-à-dire pendant au moins 5 minutes, jusqu'à ce qu'elle ne colle plus aux doigts.

Choisir un moule rectangulaire un peu haut allant au four et le huiler sur toutes ses faces. Y disposer la pâte et mettre à lever dans une ambiance chaude (20° au moins) pendant une heure et demie. Cette opération mise au point depuis des temps immémoriaux reste très importante. C'est elle qui permet la fermentation sans laquelle il n'y a pas de vrai pain.

Cuire ensuite le pain à four très chaud (260°) pendant 35 à 40 minutes.

Pain d'une livre

250 g de farine blanche, 250 g de farine complète, ½ paquet de levure de boulanger, 1 cuillerée à café de sucre en poudre, 1 grande cuillerée à soupe de sel, 70 g de cerneaux de noix.

PINTADE AU MARC DE CHAMPAGNE

Jadis réservée aux repas de famille ou aux repas dits d'intimité, au même titre que les autres volailles, la pintade de basse-cour aujourd'hui plus rare est volontiers considérée comme un mets de choix digne de figurer dans un menu de fête.

Pour que la fête soit complète, donnons-lui donc un habit de gala avec marc de champagne et crème fraîche !

La pintade est d'abord découpée en morceaux que l'on fait revenir en cocotte dans un peu de beurre ou d'huile jusqu'à ce qu'ils soient bien dorés. Ils sont alors flambés avec un bon marc de champagne.

Remettre la cocotte sur le feu et laisser cuire à petit feu pendant 3/4 d'heure. Surveiller la cuisson et ajouter au besoin un peu d'eau. Juste avant de servir, verser la crème fraîche mélangée à la fécule et faire prendre un bouillon pour que la sauce épaississe un peu sans pour autant que la crème ne tourne. Servir les morceaux de pintade posés sur des canapés frits à l'huile et nappés avec la sauce.

Des champignons de Paris simplement revenus dans le beurre conviennent parfaitement comme accompagnement.

8 personnes

2 jeunes pintades, 50 g de beurre, 1 petit verre de marc de champagne, 20 cl de crème fraîche, 1 cuillerée à café de fécule.

CANARD A L'ORANGE

Préparer un canard à l'orange dans toutes les règles de l'art, c'est-à-dire en respectant scrupuleusement les préceptes des grands maîtres de cuisine bourgeoise, peut décourager a priori. Mais, avec un brin de fantaisie et d'imagination et, plus encore, lorsqu'on a le désir violent de flatter la gourmandise de ses convives, cette longue préparation s'apparente à un patient travail d'artiste. Quoi qu'il en soit, dès qu'il apparaît sur la table, le canard à l'orange est assuré de recevoir une véritable ovation.

Il est conseillé de choisir un jeune canard n'ayant pas plus de 6 mois d'âge. La chair des femelles est plus tendre, cela va sans dire. Si l'on achète un canard déjà vidé, veiller à ce qu'il ait conservé foie, cœur et gésier qui sont nécessaires à la préparation de la sauce.

Introduire dans le ventre du canard une orange non épluchée qui aura été préalablement piquée avec une fourchette, une noix de beurre et une pincée de sel. Recoudre avec du fil de cuisine et brider la volaille.

Commencer par faire dorer le canard à feu vif dans une sauteuse avec le saindoux. Ajouter alors un jus d'orange que l'on laisse tourner en caramel. Poursuivre à feu modéré en ajoutant l'oignon émincé. On met ensuite le vin chaud, les baies de genièvre, le cou du canard, le zeste d'une orange et celui d'un quart de citron finement coupés en julienne, sel et poivre.

Après 2 minutes de cuisson, mouiller avec le bouillon, couvrir et cuire à feu doux pendant environ une demi-heure pour une volaille tendre. Retirez alors le canard et dégraisser le jus de cuisson.

Par ailleurs, on aura fait revenir dans le reste du beurre le jambon coupé en dés, le cœur, le gésier et le foie de la volaille. Hacher le tout finement et mettre dans le jus de cuisson avec les zestes en lamelles. Délayer la farine avec le jus d'une orange et d'un demi-citron et ajouter au mélange. Verser la liqueur et porter à ébullition. La sauce ainsi obtenue ne doit être ni trop épaisse, ni trop liquide.

Remettre le canard dans la sauce et laisser cuire 2 minutes.

Au moment de servir, le canard découpé en morceaux est dressé sur un plat préalablement chauffé. Pour une présentation plus soignée encore, on peut ajouter tout autour du plat les quartiers de la troisième orange qui auront été caramélisés.

4 ou 5 personnes

1 canette, 3 oranges non traitées, 1 citron non traité, ½ oignon, 1 verre de vin blanc sec, 2 tasses de bouillon, 1 cuillerée à soupe de farine, 2 petits verres de Cointreau, 3 baies de genièvre, 40 g de beurre, 40 g de jambon cru, 1 cuillerée à soupe de saindoux.

Notes personnelles :

LIÈVRE A LA LANGUEDOCIENNE

En Languedoc comme en Provence, le mot lièvre est toujours employé au féminin. C'est peut-être pour cette raison que tous les honneurs sont dus à celui qui a tiré "la lièvre"...

La façon d'apprêter ici le civet ne diffère guère des autres que par quelques détails. Mais, dit-on, la saveur d'un lièvre qui s'est nourri dans les vignes ou dans quelque colline parfumée n'a pas d'égale.

A défaut de lièvre fraîchement rapporté par un chasseur, un lièvre congelé pourra faire l'affaire à condition toutefois de choisir un jeune lièvre qui ne s'est pas encore accouplé. Il se reconnaît en principe à son poids qui ne dépasse pas les 2,5 kg.

La préparation commence la veille. Réserver le sang et le foie du lièvre en l'additionnant d'un filet de vinaigre. Découper la bête et mettre les morceaux à mariner avec le vin rouge, les clous de girofle, le thym et le laurier, sel et poivre.

Le lendemain, faire revenir dans une cocotte avec un peu d'huile l'oignon, les échalotes, le lard maigre et la carotte coupée en rondelles fines.

Par ailleurs, bien éponger les morceaux de lièvre avec un papier absorbant avant de les mettre dans le fond de la cocotte. Faire revenir à feu vif pendant au moins 10 minutes pour qu'ils soient suffisamment dorés. Flamber à l'armagnac ou au cognac. Ajouter la marinade passée au chinois, l'ail écrasé, un brin de thym et une feuille de laurier. Saler et poivrer. Cuire à feu doux pendant 2 heures. Cuit au feu de bois dans la cheminée, le civet n'en sera que meilleur. Il mérite alors l'appellation de lièvre au chaudron.

La liaison au sang se prépare à la dernière minute. On écrase le foie du lièvre dans le sang auquel on ajoute la fécule délayée dans un peu d'eau froide. Verser alors petit à petit sur le sang la sauce du civet sans cesser de remuer.

Remettre dans le plat de cuisson et faire cuire à tout petit feu pendant quelques minutes.

Si l'on ne dispose pas d'au moins 15 cl de sang, on peut compléter avec du sang de poulet (à commander à l'avance chez le volailler).

Servir avec des croûtons revenus dans le beurre et des petites pommes vapeur qui auront été préalablement cuites à part et mises dans la cocotte 10 minutes avant de servir. A l'automne, un accompagnement de cèpes sautés au beurre est tout à fait indiqué.

8 personnes

1 lièvre de 2 kg (pelé et vidé), 15 cl de sang, 1 l de côtes-du-rhône corsé, 3 gousses d'ail, 2 cuillerées à soupe d'huile d'olive, 3 clous de girofle, thym et laurier, 1 oignon, 4 ou 5 échalotes, 1 carotte, 100 g de lard maigre, 1 petit verre d'armagnac, 2 cuillerées à soupe de fécule.

Notes personnelles :

FILETS DE SOLE EN GRATIN

Lointaine héritière de la célèbre sole normande, cette préparation a un petit air de vrai plat cuisiné qui convient à un jour de fête ou pour accueillir quelque invité que l'on souhaite honorer particulièrement, tels une chère grand-mère, un oncle retour d'Amérique ou encore l'ami de cœur absent depuis plusieurs lunes.

L'imagination y conserve tous ses droits puisque aussi bien les composantes de la garniture peuvent être variées à loisir, selon l'inspiration et les possibilités du marché.

La première opération consiste à faire ouvrir les moules à feu vif afin de pouvoir en récupérer l'eau de cuisson. Celle-ci, une fois passée au chinois, est utilisée avec les têtes de poissons pour préparer un fumet de poisson dans lequel les soles doivent être ensuite pochées. Ne pas oublier de demander au poissonnier d'enlever la peau du dos et du ventre des soles.

Par ailleurs, il convient de préparer un roux blanc, avec une noix de beurre, la farine et un peu de l'eau de cuisson des soles. On ajoute le jaune d'œuf et après une dizaine de minutes de cuisson, la sauce, qui ne doit pas être trop épaisse, est additionnée de crème fraîche et de gruyère râpé, sans remettre sur le feu. Enfin, les blancs de poireaux sont mis à fondre avec le reste de beurre pendant quelques minutes. Ils ne doivent pas roussir.

Ces préparatifs étant achevés, le plat peut alors être dressé. Les blancs de poireaux sont disposés sur le fond du plat à gratin et les filets de sole (ou les soles entières) posés dessus. On ajoute les moules, ainsi que les crevettes décortiquées. Le tout est ensuite recouvert avec la sauce et mis à four moyen pendant 15 minutes environ.

6 personnes

6 soles, 3 blancs de poireaux, 50 g de beurre, 3 cuillerées à soupe de farine, 1 jaune d'œuf, 20 cl de crème fraîche, 50 g de gruyère râpé, 1 kg de moules, 50 g de crevettes décortiquées.

Notes personnelles :

SAUMON AU CHAMPAGNE

Symboles de luxe, saumon et champagne accommodés ensemble font une table prestigieuse, une table digne de célébrer quelque fête marquante de l'existence dont on aura plaisir à se souvenir longtemps.

On se laisse tenter... une fois n'est pas coutume... la préparation est simple... Comment résister à un moment de bonheur même si le prix en est élevé ?

Pour cuire le saumon entier, il serait préférable d'utiliser une vraie poissonnière. A défaut, la lèche-frite du four recouverte d'un papier d'aluminium peut faire l'affaire. Sur le fond du récipient choisi, on pose d'abord les échalotes et les champignons finements hachés, puis le poisson parsemé de petits morceaux de beurre.

Verser alors la moitié de la bouteille de champagne, sel et poivre, et couvrir la poissonnière. Lorsqu'on utilise le four, prévoir un papier aluminium en guise de couvercle.

Pendant toute la cuisson qui dure entre 45 et 55 minutes selon la grosseur du saumon, il convient d'arroser fréquemment le poisson avec son jus de cuisson. Chauffer sans bouillir le reste du champagne et l'ajouter au fur et à mesure pendant la cuisson.

Lorsque le poisson est cuit, retirer la peau et réserver le jus de cuisson pour la préparation de la sauce. Le poisson sera gardé au chaud directement posé sur le plat de service et protégé par une feuille d'aluminium.

Préparer la sauce avec le jus de cuisson que l'on met à chauffer. Dès le premier bouillon, le verser sur les jaunes d'œufs battus avec la crème. Remettre sur le feu en tournant jusqu'à ce que la sauce épaississe. Elle ne doit en aucun cas bouillir.

Dès que la sauce est prête, napper le saumon et mettre le reste de la sauce en saucière.

Servir le plat décoré de rondelles de citron et de petits poissons en pâte feuilletée.

8 ou 10 personnes

1 saumon entier de 2 kg environ, 1 bouteille de champagne brut, 3 échalotes, 125 g de champignons de couche, 100 g de beurre, 15 cl de crème fraîche, 4 jaunes d'œufs, 1 citron.

Notes personnelles :

MOUSSE DE COURGETTES A LA SAUGE

Naturellement fades et de consistance aqueuse, les courgettes a priori ne méritent pas grande considération. Mais voilà qu'avec un brin d'imagination et à l'aide de ce merveilleux outil qu'est le mixer, il devient possible de transformer de modestes courgettes en une mousse élégante et savoureuse qui peut séduire de vrais gastronomes. La cuisine d'amour rejoint ici l'alchimie...

Il faut se garder d'éplucher les courgettes. La peau donne au plat consistance et couleur. Dans une grande cocotte, mettre à blondir un bel oignon émincé avec l'huile d'olive. Avant qu'il ne roussisse, ajouter les courgettes coupées en morceaux, les feuilles de sauge et l'ail écrasé. Quelques tours à feu vif pour saisir les légumes, puis laisser mijoter longuement à petit feu jusqu'à ce que l'eau des courgettes se soit évaporée. Selon le degré de maturité des légumes choisis, il faut compter de 35 à 45 ou même 50 minutes.

Hacher le tout au mixer en ajoutant la crème fraîche et le gruyère râpé. Verser le mélange dans un plat en terre et passer au four quelques minutes avant de servir.

Cette mousse tient lieu d'accompagnement pour des viandes blanches ou des volailles. Si l'on veut la servir en forme d'entrée, il suffit d'ajouter 2 jaunes d'œufs et les blancs montés en neige pour lui donner la consistance d'un soufflé.

5 ou 6 personnes

1,5 kg de courgettes, 1 gros oignon, 10 feuilles de sauge séchée, 2 gousses d'ail, 2 cuillerées à soupe d'huile d'olive, 10 cl de crème fraîche, 40 g de gruyère râpé, 2 œufs (facultatif).

TOURTE AUX ÉPINARDS

Les enfants détestent les épinards, les adultes en raffolent, tout ceci est bien connu. Ce qui l'est moins peut-être, c'est la manière de réconcilier les deux générations, au moins le temps d'un repas... Même si l'accord parfait ne parvient pas à se réaliser tout à fait autour d'une tourte aux épinards, celle-ci contribuera néanmoins à donner un petit air de fête à une simple réunion de famille.

Toute l'originalité de la préparation est dans la crème aux œufs qui sert à lier les épinards à la manière d'un soufflé. Celle-ci est réalisée avec la farine qui doit cuire en quelques minutes dans le beurre avant d'y ajouter crème fraîche, sel, poivre et muscade. On obtient ainsi une crème épaisse dans laquelle, après quelques minutes de cuisson, il ne reste plus qu'à incorporer, hors du feu, trois œufs entiers puis le quatrième jaune et un blanc monté en neige. Les épinards, une fois dégelés et bien débarrassés de leur eau, sont alors mélangés à la crème.

Garnir un fond de tarte non cuit avec le mélange et recouvrir avec un peu de crème aux œufs que l'on aura pris soin de réserver. La crème donne ainsi à la tourte son chapeau doré et tout gonflé.

A four chaud, 40 minutes de cuisson suffisent. S'il est possible de ne pas servir immédiatement, la tourte tiède n'en est que meilleure.

6 ou 7 personnes

450 g d'épinards en branche surgelés ou 1 kg d'épinards frais, 20 cl de crème fraîche, 50 g de beurre, 2 cuillerées à soupe de farine, muscade, 4 œufs entiers.

Pour la pâte : 300 g de farine, 140 g de beurre ou margarine, ½ verre d'eau.

CŒUR EN CHOCOLAT

Ce gâteau est souvent associé au nom de la reine de Saba, la belle et riche Bilkis qui régna sur l'Arabie Heureuse et dont le cœur se brisa, raconte la légende, lorsqu'elle vint rendre visite au roi Salomon. D'une tenue parfaite dans son enveloppe brune, il n'est en fait à l'intérieur que pâte moelleuse, fondante et fragile au point de se mettre en miettes dès qu'on prétend y goûter... C'est là tout son secret.

Les jaunes d'œufs et le sucre doivent être longuement travaillés ensemble à l'aide d'un fouet. Le chocolat, fondu avec très peu d'eau pour former une crème épaisse, est alors ajouté au mélange. Fécule, beurre ramolli coupé en morceaux et neige de blancs d'œufs complètent la préparation.

On choisira de préférence un moule en forme de cœur. Beurrer, saupoudrer de sucre semoule, verser le mélange et enfourner à four chaud pendant 25 à 30 minutes. Il conviendra de surveiller attentivement la cuisson qui doit être rapide pour que la pâte reste moelleuse à l'intérieur et conserve ainsi au gâteau sa saveur originale.

Lorsque le gâteau est tiède, il se démoule facilement. On peut envisager alors de le glacer avec du chocolat fondu et mélangé à du sucre glace additionné d'un peu d'eau tiède.

6 personnes

3 jaunes d'œufs, 4 blancs en neige, 125 g de sucre, 125 g de chocolat noir à croquer, 100 g de beurre, 30 g de fécule.

Pour le glaçage : 50 g de chocolat, 100 g de sucre glace.

CHARLOTTE AU PRALINÉ

Raffiné dans sa présentation comme dans sa composition, ce gâteau glacé est de grande classe. Servi à la fin d'un repas de fête, il séduit par sa légèreté et la finesse de son arôme. Mais, dira-t-on, la fragilité d'une charlotte lors du démoulage ne risque-t-elle pas de ruiner tout l'édifice ? Foin des inquiétudes... Bien glacée, la charlotte se démoule sans difficulté aucune.

Avant de tapisser le fond et les parois du moule à charlotte avec les biscuits, prendre soin de beurrer largement le moule sur toute sa hauteur. Préparer ensuite le mélange de café et de rhum dans lequel chaque biscuit est trempé. Les biscuits ne doivent pas être complètement imbibés de liquide, sinon il serait difficile de les mettre en place. Pour la solidité de l'édifice, ils doivent être mis très serrés les uns à côté des autres.

Par ailleurs, faire fondre à petit feu le chocolat avec un peu d'eau froide. Retirer du feu et attendre que le chocolat tiédisse pour y ajouter la chantilly. Remplir la charlotte avec ce mélange et recouvrir d'une couche de biscuits. La charlotte doit être mise au froid pendant au moins 5 heures dans le compartiment à glace du réfrigérateur poussé au maximum, ou mieux encore dans un congélateur. Pour éviter de servir un gâteau complètement pris en glace, la charlotte doit être retirée au moins 2 heures avant de servir et placée dans le réfrigérateur. Démouler au moment de servir en trempant quelques minutes le fond du moule dans de l'eau bouillante.

6 ou 8 personnes

24 biscuits à la cuillère, 230 g de chocolat à croquer fourré praliné, 250 g de crème chantilly, 3 dl de café très fort, 1 petit verre de rhum.

ÎLE FLOTTANTE

Nos voisins britanniques sont grands amateurs d'entremets. Cette île flottante est de leur répertoire. On s'en serait douté... encore que le génie de quelque cuisinière lyonnaise qui ne devait pas raffoler des pommes a, pour en alléger la composition, supprimé le support fait précisément de compote de pommes à l'eau. Le rocher de blancs d'œuf en neige caramélisés se doit néanmoins de flotter sur une crème anglaise.

Un vrai dessert de gala dont la construction est plaisante à élaborer en cuisine.

Il convient de préparer tout d'abord la crème pour qu'elle soit bien froide au moment de démouler les blancs d'œufs.

Après avoir bouilli avec le bâton de vanille, le lait doit infuser quelques minutes ce qui permet de ne pas le verser trop chaud sur les œufs.

Les jaunes d'œufs sont travaillés dans une terrine avec le sucre en poudre jusqu'à ce que le mélange blanchisse. On peut alors verser le lait petit à petit et mettre sur le feu.

La cuisson des œufs dans le lait est délicate. La crème doit chauffer doucement mais suffisamment pour devenir un petit peu épaisse. En aucun cas elle ne doit bouillir, sinon elle ne manquerait pas de tourner. S'il en advenait ainsi, ajouter une cuillerée d'eau bien froide en fouettant vigoureusement. La crème est prête lorsqu'elle nappe complètement la cuillère en bois avec laquelle on ne doit cesser de tourner pendant toute la durée de la cuisson. Verser la crème tiédie dans une grande coupe en verre et mettre au frais.

Quant à la construction de l'île, elle demande seulement quelques instants de concentration pour mener les opérations nécessaires dans le minimum de temps. Pendant que les morceaux de sucre fondent avec un peu d'eau à feu vif pour faire du caramel, battre les 6 blancs d'œufs en neige très ferme avec une pincée de sel. Lorsque le caramel blondit, verser un petit peu de caramel sur la neige d'œufs en remuant pour bien l'incorporer. Faire colorer le reste du caramel, sans pour autant laisser brûler, et le mélanger aux œufs toujours en remuant.

Ce mélange est alors versé dans un moule froid en aluminium que l'on plonge aussitôt dans de l'eau bien froide pendant quelques minutes. On peut alors démouler directement sur la crème. L'île flotte, mais oui !

Pour obtenir un rocher brun sur fond de crème jaune, saupoudrer l'île de poudre de pralin.

6 ou 8 personnes

Pour la crème : 6 jaunes d'œufs, 1 l de lait, 100 g de sucre en poudre, 1 gousse de vanille.

Pour l'île : 6 blancs d'œufs, 200 g de sucre en morceaux, 60 g de poudre de pralin.

Notes personnelles :

CHARLOTTE AUX AMANDES

Cette charlotte est peut-être plus fine encore que sa petite sœur au praliné. Servie à l'ancienne dans une grande coupe en forme de verre à pied et arrosée de crème anglaise, elle est digne d'honorer des hôtes de marque et, à tout le moins, de vrais amateurs de desserts que l'on a plaisir à régaler.

A la portée de tous les cuisiniers d'amour, une manière de renouer avec la tradition des grands desserts faits maison.

Le cœur glacé de la charlotte est fait de poudre d'amandes que l'on travaille d'abord pendant 5 à 8 minutes avec le sucre et le beurre ramolli, puis avec une petite crème aux œufs. L'usage du mixer facilite grandement l'opération.

Pour préparer la crème aux œufs, mélanger les jaunes d'œufs et la fécule, puis verser sur le mélange le lait bouilli avec une gousse de vanille ou de la vanille en poudre. Mettre quelques instants la crème à feu doux pour qu'elle épaississe un peu. Donner un seul bouillon sinon elle risquerait de tourner.

La confection de la charlotte s'opère alors selon le procédé classique. Un moule un peu haut est tapissé au fond et sur toute sa hauteur avec les biscuits trempés dans le kirsch additionné de 2 ou 3 cuillerées à soupe d'eau froide. Chaque biscuit doit être imbibé de liquide sans pour autant être complètement ramolli. Dès que la garniture du moule est achevée, verser le mélange d'amandes et de crème aux œufs. Peu importe si le mélange n'arrive pas jusqu'en haut du moule. Il suffit de couper les morceaux de biscuits qui dépassent et de fermer la charlotte avec ces petits morceaux. La solidité de l'édifice s'en trouvera renforcée au démoulage.

Placer la charlotte dans le compartiment à glace du réfrigérateur pendant 24 heures. Procéder ensuite comme il est dit pour la charlotte au praliné (p. 169).

Au moment de servir, napper la charlotte d'un demi-litre de crème anglaise, fait comme il est dit p. 170.

6 ou 8 personnes

24 biscuits à la cuillère, 125 g d'amandes en poudre, 170 g de beurre ramolli, 170 g de sucre en poudre, 2 jaunes d'œufs, 15 cl de kirsch, ¼ l de lait, ½ cuillerée à café de fécule, 1 gousse de vanille.

Pour la crème anglaise : ½ l de lait, 5 jaunes d'œufs, 50 g de sucre, 1 gousse de vanille.

Notes personnelles :

PLATEAU DE CONFISERIES

Lorsqu'une fête se prépare à la maison, un anniversaire ou bien la fête de Noël, la confection de ces friandises que l'on appelle communément petits fours est souvent délaissée, par manque de temps ou d'imagination. Peu à peu, la tradition familiale se perd au profit de produits achetés tout faits dans des emballages sous vide ou, au mieux, chez un faiseur de renom...

Il s'agit pourtant de recettes simples, peu coûteuses et d'exécution si facile qu'elles constituent un jeu d'enfant, au vrai sens du terme, pour un mercredi d'hiver ou une journée pluvieuse de vacances.

Truffes au chocolat, meringues, caissettes aux amandes, macarons au chocolat, caramels au lait, faciles à réaliser par les enfants, composent un assortiment de confiseries particulièrement appréciées à la fin d'un repas de cérémonie ou pour un goûter d'anniversaire avec tous les petits copains.

TRUFFES AU CHOCOLAT : Dans une terrine, le beurre est travaillé en pommade à l'aide d'une spatule. On y incorpore ensuite petit à petit le sucre, le cacao, la poudre d'amande et le rhum. La pâte ainsi obtenue est façonnée avec les doigts en forme de petites boules de la grosseur d'une noix.

Laisser refroidir plusieurs heures au réfrigérateur. Rouler ensuite chaque truffe dans de la poudre de cacao et les disposer dans des caissettes en papier blanc.

60 truffes

125 g de beurre, 2 tasses à thé de sucre glace, 4 cuillerées à soupe de cacao non sucré, 4 cuillerées à soupe d'amandes en poudre, 2 cuillerées à café de rhum.

MERINGUES : Battre les blancs d'œufs en neige très ferme. Ajouter, toujours en fouettant, une cuillerée de sucre pour solidifier les blancs. Verser ensuite en pluie fine le reste du sucre en mélangeant à l'aide d'une spatule en bois. Huiler la plaque du four et la saupoudrer de farine. Le mélange est posé en petits tas sur la plaque. Enfourner et cuire à feu très doux pendant 2 heures.

24 meringues

4 blancs d'œufs, 200 g de sucre semoule.

CAISSETTES AUX AMANDES : Amandes écrasées, sucre en poudre et farine sont mis ensemble dans une terrine et mélangés. On incorpore alors le blanc d'œuf non battu. La pâte ainsi obtenue est prête à cuire. Il suffit de la disposer dans des petites caissettes de papier blanc plissé et d'enfourner à four chaud pendant 10 minutes.

50 caissettes

125 g d'amandes, 150 g de sucre, 30 g de farine, 1 blanc d'œuf.

MACARONS AU CHOCOLAT : Les amandes doivent ici être tout d'abord débarrassées de leur peau à l'eau bouillante, puis écrasées au moulin à légumes. Dans un mortier, la poudre d'amande ainsi obtenue est pilée avec la moitié du sucre glace avant d'incorporer au mélange 2 blancs d'œufs non battus. La pâte obtenue doit être homogène. Dans un autre récipient, on monte les blancs d'œufs en neige très ferme dans laquelle on incorpore ensuite doucement le reste du sucre glace versé en pluie fine.

Les deux pâtes étant prêtes, elles sont mélangées l'une avec l'autre. Il ne reste plus qu'à dresser des petits tas de pâte, de préférence sur un papier sulfurisé. Passer tout d'abord au gril pendant quelques secondes pour permettre à la surface du gâteau de commencer à former une croûte. Mettre ensuite à four modéré pendant 12 minutes environ. Dès la sortie du four, décoller les macarons de la feuille de papier en posant celle-ci sur une surface humide. Lorsque les gâteaux sont froids, on peut les coller deux par deux à l'aide de chocolat noir fondu additionné d'un peu de beurre.

30 macarons

250 g d'amandes entières, 4 amandes amères (facultatif), 375 g de sucre glace, 6 blancs d'œufs, 100 g de chocolat noir, 20 g de beurre.

CARAMELS AU LAIT : Mélanger dans une casserole le lait, le sucre, le beurre et le miel et mettre à feu très doux pendant 20 minutes en remuant de temps à autre. C'est alors que l'opération devient un peu plus délicate. Pour que la cuisson soit parfaite, il faut mettre à feu plus fort pendant 10 minutes et remuer sans arrêt le mélange. Il doit épaissir sans attacher au fond de la casserole.

Le façonnage des caramels peut être réalisé à l'aide d'un moule à glaçons du réfrigérateur. Huiler soigneusement toutes les parois avant de verser le mélange et mettre au froid jusqu'à ce que les caramels soient suffisamment durs tout en restant mous.

25 caramels

2 dl de lait, 200 g de sucre, 4 cuillerées à soupe de beurre, 4 cuillerées à soupe de miel.

GÂTEAU AUX MARRONS

Qui aurait dit qu'un jour le fruit du châtaignier et celui du cacaoyer pourraient, par delà les océans, se rencontrer et faire la joie de quelques gourmands ? L'alliance du marron et du chocolat est de celles qui méritent de connaître une belle longévité.

Ce gâteau, très vite fait puisqu'il ne demande aucune cuisson, se prête à de nombreuses présentations. Il peut être façonné à la main au gré de la fantaisie du jour. Il fera ainsi une superbe bûche de Noël avec une garniture de feuilles de houx en pâte d'amande et autres confiseries à base de meringues.

Il est indispensable de choisir des marrons entiers et non de la crème de marron comme on pourrait être tenté de le faire pour éviter d'avoir à écraser les marrons au presse-purée. Mélanger les marrons écrasés avec le chocolat fondu pendant qu'il est encore tiède, puis ajouter le sucre et le beurre préalablement ramolli et coupé en petits morceaux. Bien travailler le mélange jusqu'à ce qu'il soit homogène (4 à 5 minutes au mixer). Ajouter les écorces d'orange coupées en petits dés et le rhum.

Le mélange est alors prêt à être disposé selon la forme choisie sur un papier d'aluminium. Faire prendre au réfrigérateur pendant au moins 12 heures. Au moment du démoulage, il est alors possible de parfaire la forme du gâteau. Saupoudrer de poudre de chocolat.

8 personnes

1 boîte de marrons au naturel (poids net 570 g), 200 g de beurre, 225 g de chocolat noir à croquer, 150 g de sucre glace, 1 petit verre à liqueur de rhum, écorces d'orange confites, 3 cuillerées à soupe de poudre de chocolat noir non sucré.

RETOUR DE VACANCES

aux Antilles

en Asie

en Espagne

aux Etats-Unis

en Grèce

au Maroc

en Provence

ACRAS DE MORUE

Si l'on souhaite ranimer le souvenir de quelque soirée passée sur une terrasse parfumée face à la mer des Caraïbes avec, en musique de fond, les milliers de cris stridents dont les grillons antillais remplissent la nuit tropicale, il suffit de fermer les yeux en dégustant ces petits beignets particulièrement hauts en goût, accompagnés d'un verre de punch ou de toute autre boisson d'apéritif légèrement sucrée (vin d'orange, de pêche, etc.) A chacun sa madeleine !

Comme tous les beignets, les acras de morue doivent être servis très chauds, au sortir de la friture, après avoir été parfaitement égouttés sur un papier absorbant.

Inutile d'envisager une telle préparation si l'on ne dispose pas de morue préalablement dessalée pendant au moins 15 heures, puis pochée quelques minutes à l'eau bouillante et égouttée.

La pâte est ensuite très facile à réaliser lorsque l'on dispose d'un mixer. A défaut, il convient d'incorporer, un à un, tous les ingrédients jusqu'à l'obtention d'une pâte suffisamment consistante pour pouvoir être mise en petits tas, de la grosseur d'un œuf de caille, dans la bassine à friture.

Le mélange s'obtient en mettant dans le mixer, ou bien dans une terrine, la morue pochée, les jaunes d'œufs, la farine et le lait froid, l'huile d'olive, l'ail écrasé, le persil et les oignons (y compris les queues vertes) hachés menu. L'assaisonnement en piment est essentiel et ne doit donc pas être timide.

Les blancs battus en neige incorporés juste avant de frire donnent aux beignets le moelleux nécessaire.

50 beignets

350 g de morue salée, 250 g de farine bise, 2 œufs, 2 dl de lait, 1 cuillerée à soupe d'huile d'olive, 2 gousses d'ail, 1 bouquet de persil, 3 petits oignons *frais*, piment, poivre.

Notes personnelles :

BLAFF DE POISSONS

Dès que les pêcheurs sont de retour et avant même qu'ils ne tirent leur gommier sur la plage de sable blanc, femmes et enfants se précipitent, un récipient à la main, pour venir chercher leur part de poissons. Dans les petites cases installées à même la plage, il y aura toujours une marmite frémissante sur le coin du feu, prête à accueillir le poisson tout frais pêché.

Cette façon qu'ont les Antillais de cuire le poisson au bleu dans un court-bouillon très épicé est l'une des meilleures et des plus simples pour goûter toute la saveur des poissons de roche, petits ou gros, qui foisonnent en mer des Caraïbes.

Sous nos latitudes plus septentrionales, on devra se contenter plus modestement d'un blaff de rougets-grondins. Essayez donc ! Même si leur couleur n'est pas d'un rouge aussi éclatant que celui des "big eye" et si l'air ambiant manque un peu de tiédeur moite, on s'y croirait presque.

La préparation du court-bouillon est donc essentielle. Elle se fait dans une grande casserole, avec 1,5 litre environ d'eau salée dans laquelle on met l'oignon piqué de clous de girofle, les oignons frais avec leur tige verte, les tomates, le thym, le piment, les graines de bois d'Inde et le jus de deux citrons. On laisse bouillir longuement à petit feu afin que le bouillon réduise et devienne très aromatisé.

Choisir des rougets-grondins très frais que l'on poche dans le bouillon pendant 5 à 7 minutes selon leur grosseur. Le liquide doit alors seulement frémir et non bouillir.

Retirer les poissons qui seront gardés au chaud pendant que l'on fait réduire encore quelques minutes le bouillon. Ajouter un jus de citron et l'ail écrasé avant de verser le bouillon sur les poissons.

Servir le plat à la manière antillaise accompagné d'une coupelle dans laquelle on aura mis des petits quartiers de citron vert et un ou deux petits piments frais.

Un riz blanc convient parfaitement en garniture.

6 personnes

6 rougets-grondins moyens, 1 oignon, 2 petits oignons frais, 2 tomates, 4 clous de girofle, 4 graines de bois d'Inde*, 1 piment, 4 ou 5 branches de persil, 2 brins de thym, 3 citrons, 2 gousses d'ail, 1 citron vert, 1 ou 2 piments frais.

* De la même famille que le poivre, mais plus grosses et de couleur brun foncé, ces graines ont un arôme plus fruité.

Notes personnelles :

AVOCAT CARAÏBE

Particulièrement rafraîchissante pour le palais et pour les yeux, cette salade toute simple est propre à ouvrir l'appétit, même lorsque la brise des alizés fait défaut...

La camaïeu de vert ainsi réalisé sera particulièrement mis en valeur si la salade est présentée dans des coupes individuelles en faïence rose ou blanche de préférence.

Les avocats pelés et débarrassés de leur noyau sont coupés en petits cubes qu'il convient de citronner légèrement pour éviter que la pulpe ne noircisse.

Choisir 6 à 10 feuilles de salade et les couper en petits morceaux de 1,5 cm environ. Pour que la salade soit homogène, il faut que le volume des morceaux de salade soit équivalent à celui des petits cubes d'avocat. Mélanger le tout et, juste avant de servir, ajouter la vinaigrette.

6 personnes

3 avocats, 1 salade verte (batavia ou laitue), 3 cuillerées à soupe de sauce vinaigrette, 1 citron.

Notes personnelles :

BOEUF A LA MODE DE LOU

Cette manière de préparer un morceau de bœuf ou un jarret de porc est celle qui se pratique dans la province de Shantung. Il s'agit en quelque sorte d'une daube dont la marinade est faite à partir des aromates et épices traditionnels dans la cuisine chinoise. Un dépaysement savoureux à peu de frais.

La viande coupée en cubes assez gros est mise dans une cocotte avec la poitrine fumée également coupée en morceaux. On ajoute une demi-douzaine de fines rondelles de gingembre, 3 étoiles d'anis étoilé et le poireau coupé en petits bâtonnets, puis on recouvre avec l'alcool de riz (ou le vin blanc) et le soja mélangé avec le sucre. Laisser mariner 30 à 40 minutes avant de mettre sur le feu.

La viande doit cuire très doucement pendant au moins 1 h 30. A mi-cuisson, ajouter les quartiers de tomates et les carottes coupées en bâtonnets.

Au moment de servir, saupoudrer le plat de coriandre fraîche ciselée ou, à défaut, de persil.

Un riz blanc cuit à la vapeur est l'accompagnement traditionnel.

6 personnes

1,2 à 1,5 kg de culotte de bœuf, 150 g de poitrine fumée, 1 dl d'alcool de riz ou de vin blanc sec, 1 poireau, 2 tomates, 4 ou 5 carottes, coriandre fraîche ou persil, ¼ l de sauce de soja, 2 cuillerées à soupe de sucre en poudre, 1 racine de gingembre frais, anis étoilé.

POULET MANDARIN

S'aventurer dans le raffinement des compositions dont la vraie cuisine chinoise a le secret est souvent périlleux. Pourquoi, dès lors, ne pas s'en tenir à quelques principes de base essentiels et, à partir de là, donner libre cours à l'improvisation ?

On peut raisonnablement douter que ce poulet ait été digne de séduire quelque irascible mandarin habitué aux fastes de la cour de l'impératrice Cixi. Sa préparation, très simple, peut néanmoins réserver de réelles satisfactions à qui prétendrait régaler ses amis d'un repas à la chinoise.

Il s'agit en réalité d'un poulet rôti accommodé dans une sauce aigre-douce qui est à la base de nombreux plats de cuisine chinoise.

Garnir l'intérieur d'un poulet avec crème, épices, thym, sel et grains de poivre rose. Arroser d'un filet d'huile l'extérieur du poulet et enfourner à four très chaud pour que la peau du poulet devienne croustillante.

Après ½ heure de cuisson, alors que le poulet n'est pas tout à fait cuit, on le retire du four pour le découper en petits morceaux. Dégraisser le plat avant d'y remettre les morceaux découpés. On recouvre alors les morceaux de poulet avec la sauce et l'on remet à four doux pendant 10 minutes environ en veillant à ce que la sauce ne dessèche pas.

Pour préparer la sauce, on met ensemble dans une petite casserole la fécule, le sucre, la sauce de soja et le vinaigre. On chauffe doucement sans cesser de tourner jusqu'à ce que la sauce devienne onctueuse. Une sauce trop épaisse peut toujours être éclaircie avec un peu de sauce de soja. Dès que la sauce est à bonne consistance, la verser sur les morceaux de poulet.

Servir avec un riz blanc cuit à l'eau ou, mieux encore, à la vapeur, dans des petits bols individuels accompagnés de baguettes.

Pour accentuer le caractère chinois du plat, on peut découper le poulet en petites lanières avant de le mettre dans la sauce.

Un thé au jasmin s'impose comme boisson.

6 personnes

1 beau poulet, 2 cuillerées à soupe de soja, 2 cuillerées à soupe de sucre en poudre, 2 cuillerées à soupe de vinaigre, 1 cuillerée à café de fécule, 1 brin de thym, 1 cuillerée à soupe de crème fraîche, poivre rose, épice aux 5 parfums.

Notes personnelles :

CURRY D'AGNEAU A L'INDIENNE

C'est en Angleterre, comme chacun sait, que l'on déguste les meilleurs curry à l'indienne. Le véritable curry préparé à la manière indienne, qu'il soit d'agneau, de poulet ou de poisson, demande à être servi avec tout un accompagnement de fruits, frais ou secs, et de confitures de type chutney qui atténuent le feu des épices auquel nos palais occidentaux sont peu accoutumés. C'est alors, à lui seul, tout un repas.

Repas plein de fantaisie autour d'une table garnie d'un assortiment de mets d'accompagnement parmi lesquels chaque convive peut choisir et combiner, comme il l'entend, les dosages de saveurs sucrées et salées, douces et fortes. Repas à l'issue duquel chacun aura nécessairement fait connaissance avec tous les autres convives, ne serait-ce que pour échanger impressions et commentaires sur les combinaisons de parfums et de saveurs qui, selon lui, sont les meilleures. Repas convivial, s'il en est.

On choisira, de préférence à toute autre viande, de l'agneau ou du mouton qui ne soit point trop gras. Il faut en outre disposer d'une excellente poudre de curry, en provenance directe de Madras si possible. Ces deux conditions étant réunies, la préparation du curry est très simple et ne requiert aucun talent particulier, sinon de l'imagination dans le choix des accompagnements qui peuvent être variés à l'infini.

Pour la cuisson de la viande, on commence par faire blondir oignon et échalote émincés dans un peu d'huile au fond de la cocotte. Dès qu'ils prennent une belle couleur, on ajoute la pomme râpée et la poudre de curry préalablement délayée dans un bol avec de l'eau froide. La pâte ainsi obtenue doit être épaisse mais fluide. La quantité de poudre nécessaire dépend en fait de la qualité du curry choisi.

Mettre sur le feu 3 minutes en remuant jusqu'à ce que l'eau se soit évaporée. La viande coupée en morceaux est alors ajoutée. Elle doit revenir à feu vif le temps d'être bien saisie, sans pour autant que la pâte de curry brûle. On verse alors le lait de coco obtenu en dissolvant la poudre de coco dans ¼ de litre d'eau environ. Le liquide doit couvrir complètement la viande. Saler et laisser mijoter à petit feu de 25 à 35 minutes selon la qualité de la viande choisie.

Cuire le riz à blanc et le servir dans un plat à part.

Sur un grand plateau, disposer dans des petits bols fantaisie la poudre d'amande, les pignons, les rondelles de banane, la ou les chutney (les chutney de mangue, d'airelles ou d'oignon sont parmi les meilleures). Frire les papadams ou, à défaut, les beignets de crevette et les ranger, une fois égouttés, dans une grande corbeille. Ces beignets, traditionnels en Inde où ils tiennent lieu de pain, se trouvent sous forme lyophilisée en boîte dans tous les magasins de produits exotiques, et quelquefois dans les rayons de certains supermarchés. Il en est de même pour les chutney, ces confitures anglaises aigres-douces qui accompagnent si bien toutes les viandes à saveur un peu forte (gibiers notamment).

6 personnes

1,2 kg de collier d'agneau, 1 oignon, 1 échalote, 1 pomme acide, 2 cuillerées à soupe d'huile, 5 ou 6 cuillerées à soupe de poudre de curry, 125 g de poudre de noix de coco, 3 verres de riz long.

Accompagnement : 2 bananes, 5 cuillerées à soupe de poudre d'amande, 100 g de pignons, chutney, 1 boîte de papadams ou beignets de crevette.

PAELLA

Il n'est pas de bons souvenirs de vacances en Espagne qui ne soient associés à celui de quelque superbe paella. Superbe est bien le terme qui convient lorsque la grande poêle est apportée sur la table. Rose des crevettes aux côtés des poivrons rouges sur fond de riz jaune safran ponctué du vert des petits pois, avec çà et là les taches noires que font les coquilles de moules. Magie des couleurs que l'on dirait sorties de la palette d'un peintre. De cet art de l'éphémère, la cuisine d'amour fait l'une de ses règles d'or. N'est-il pas vrai qu'un plat est assuré de connaître le succès qu'il mérite dès lors qu'il se laisse d'abord dévorer des yeux ?

L'assortiment de viandes, de crustacés et de légumes qui la composent donne à la paella sa saveur originale. Pour ne pas être tenté de supprimer telle ou telle composante, il vaut mieux prévoir un nombre suffisant de convives.

On fait d'abord sauter dans un peu d'huile pendant quelques minutes les calmars d'un côté, la viande de porc, le lapin et le poulet coupés en morceaux de l'autre. Puis réunir le tout dans un grand faitout et couvrir d'eau, en ajoutant sel, poivre et laurier. Laisser cuire doucement pendant environ une demi-heure.

Par ailleurs, dans le jus de friture des calmars et de la viande, on fait revenir l'ail écrasé, le concentré de tomate, le persil haché auxquels on ajoute safran et spigol.

Enfin, faire griller au four les poivrons avant de les peler, rincer à l'eau froide petits pois et cœurs d'artichauts.

Lorsque toutes ces opérations sont terminées, mettre la viande, les calmars et leur bouillon de cuisson dans la grande poêle. Le volume de bouillon doit être égal à trois fois celui du riz, soit ici douze verres. Compléter si besoin est avec de l'eau.

Chauffer jusqu'à ébullition et verser alors le riz en prenant soin de le répartir sur toute la surface de la poêle. On ne doit plus ensuite y toucher pour quelque raison que ce soit. Poser par-dessus en les disposant selon la fantaisie les différents légumes et le chorizo coupé en morceaux un peu épais. Arroser avec un jus de citron et laisser cuire à feu moyen pendant environ vingt minutes sans jamais remuer. A mi-cuisson, ajouter les crevettes et les moules non décortiquées.

Le riz est cuit lorsque toute l'eau a été absorbée et que les grains se détachent.

8 à 10 personnes

1 poulet, ½ lapin, 250 g d'échine de porc, 200 g de chorizo, 300 g de calmars, 10 grosses crevettes ou gambas, 16 à 18 moules, 1 kg de petits pois, 8 fonds d'artichauts, 2 poivrons rouges, 1 petit bouquet de persil, 4 ou 5 gousses d'ail, 2 cuillerées à soupe de concentré de tomate, 1 citron, 2 doses de safran, 1 dose de spigol, 2 feuilles de laurier, 4 verres de riz long.

Notes personnelles :

BRUNCH A L'AMÉRICAINE

Cette mode qui nous vient d'outre-Atlantique consiste à remplacer le déjeuner du dimanche par un petit déjeuner confortable et tardif, le brunch (breakfast-lunch). *Table garnie de mets divers et variés, sucrés et salés, formule du help-yourself chère aux Anglo-saxons, liberté des horaires, rupture de rythme, tout est ici synonyme de détente. Un entremets sucré, un gâteau plus consistant ou encore une confiture particulièrement appréciée ajouteront la note gourmande qui convient.*

Ainsi, la flânerie au chocolat paraît tout indiquée pour les sportifs, surtout s'ils sont amateurs de céréales, tandis que ceux ou celles qui aiment à savourer par petites tasses successives le contenu d'une grande théière apprécieront davantage les pâtisseries et douceurs anglaises.

FLÂNERIE AU CHOCOLAT

Ce gâteau de semoule consistant et frais, économique de surcroît, ne demande que quelques minutes de préparation.

On fait bouillir le lait avec sucre et chocolat. Lorsque le lait commence à monter dans la casserole, on verse la semoule en pluie fine en remuant sans arrêt pour éviter qu'elle ne se mette en grumeaux. Cuire quelques minutes sans cesser de remuer jusqu'à ce que la semoule devienne très épaisse.

Verser le mélange, dès la sortie du feu, dans un plat creux et mettre au frais pendant quelques heures.

Une fois démoulé, le gâteau peut être servi nature ou bien entouré d'une crème anglaise faite comme il est dit p. 170.

1 l de lait, 100 g de semoule, 12 morceaux de sucre, 100 g de chocolat noir.

PLUM-CAKE

Le succès incontesté du véritable cake anglais tient à l'alliance particulièrement heureuse des raisins secs confits dans la pâte parfumée au rhum. Encore faut-il que les raisins veuillent bien rester également répartis dans la pâte au lieu de tous tomber au fond comme ils auraient souvent tendance à le faire. Le mode de préparation décrit ici devrait théoriquement permettre d'éviter cet écueil.

La première opération consiste à mettre les raisins à macérer dans un peu d'eau chaude. Ils devront y rester le plus longtemps possible pour prendre le temps de gonfler au maximum et devenir ainsi plus légers dans la pâte.

Dans une terrine ou le bol d'un mixer, on met le beurre ramolli et le sucre pour les travailler ensemble longuement. Puis on ajoute un à un les œufs entiers que l'on travaille également pendant 5 minutes chacun.

Incorporer ensuite la farine petit à petit jusqu'à ce que la pâte soit parfaitement homogène. Ajouter la levure, puis les raisins secs égouttés et le rhum et laisser reposer pendant au moins une heure à température modérée.

Dans un moule à cake beurré sur toutes ses faces, verser la pâte et mettre au four. La chaleur doit être très douce au début pour permettre à la pâte de gonfler. Après 7 à 8 minutes, augmenter la température du four. La cuisson totale exige une heure à une heure et quart.

6 œufs, 250 g de beurre ramolli, 250 g de farine, 250 g de sucre en poudre, 125 g de raisins secs de Corinthe ou de Smyrne, 3 cuillerées à soupe de rhum, 1 pincée de levure chimique.

LEMON CURD

Un grand pot de cette crème au citron suffisamment épaisse pour être tartinée sur des toasts ne reste généralement pas longtemps sur la table...

Une confiture pas comme les autres pour jour de fête !

Battre ensemble, si possible à l'aide d'un mixer, les œufs entiers, le jus des citrons et le sucre en poudre, et ajouter au mélange le zeste des citrons qui doit être râpé.

La cuisson de la crème est un peu délicate. Elle doit être menée très doucement pour qu'à aucun moment la crème ne risque de bouillir. On préférera, pour plus de sécurité, utiliser le procédé du bain-marie en plaçant la casserole de crème dans une casserole plus grande remplie d'eau chaude posée directement sur le feu.

On incorpore alors le beurre par petits morceaux dans le mélange sans jamais cesser de tourner jusqu'à ce que la crème devienne vraiment épaisse. En refroidissant, la crème épaissit encore et prend une consistance analogue à celle d'une confiture. Versée dans un grand pot à confiture, la crème peut être conservée deux ou trois jours au froid.

3 citrons non traités, 3 œufs, 100 g de beurre, 250 g de sucre.

Notes personnelles :

MOUSSAKA

L'odeur des tavernes de Plaka, le chant d'un bouzouki, une balade dans les pas d'Ulysse du côté d'Itaque, autant de souvenirs et bien d'autres que l'on aimerait avoir toujours présents lorsque les contraintes de la vie citadine se font plus pressantes.

La moussaka ne sera jamais aussi parfaite que celle dégustée sur le port d'une petite île de la mer Egée. Qu'importe ! Tout le plaisir ne consiste-t-il pas à essayer, en la préparant, de retrouver les parfums d'un été grec...

C'est une préparation d'aubergines dans laquelle le goût du légume se fond avec celui de la viande de mouton dans un assaisonnement de tomates, de thym, de laurier, d'ail et de sauce blanche.

Pour la cuisson des aubergines et la préparation de la béchamel, on procède comme il est dit à propos des aubergines royales (voir p. 36).

Par ailleurs, la viande de mouton finement hachée est mise à cuire dans la poêle qui a servi à la friture des aubergines où l'on aura fait d'abord revenir les oignons sans les blondir. Ajouter ail écrasé, thym et laurier, sel et poivre, une pointe de cayenne et le concentré de tomate. Cette opération doit être menée rapidement en remuant sans cesse. Ni la sauce ni la viande ne doivent accrocher au fond de la poêle.

Lorsque la cuisson de tous les éléments est prête, il ne reste plus qu'à les assembler.

Dans un plat allant au four, mettre une couche d'aubergines, une couche de viande, une couche d'aubergines et ainsi de suite en terminant par une couche d'aubergines. Verser la sauce blanche et mettre au four le temps nécessaire pour que la sauce blanche ait le temps de s'infiltrer partout entre les différentes couches et que la moussaka soit brûlante.

Pour ceux qui n'aiment pas le goût du mouton, on peut choisir de la bavette de bœuf additionnée d'un peu de poulet rôti. La moussaka en sera moins parfumée mais elle reste une excellente manière d'accommoder les aubergines.

6 personnes

1,5 kg d'aubergines, 500 g d'épaule de mouton désossée, 3 oignons, 2 cuillerées à soupe de concentré de tomate, 2 gousses d'ail, thym, laurier, poivre de cayenne.

Pour la sauce : ½ l de lait, 4 cuillerées à soupe de farine, 30 g de beurre, noix de muscade.

Notes personnelles :

COUSCOUS MAROCAIN

Peut-on imaginer repas plus convivial qu'un grand plat de couscous, tous les convives assis en rond autour, et chacun confectionnant à même le plat des boulettes de semoule et de viande au gré de ses préférences et de son appétit ! Même s'il n'est pas toujours possible d'adopter la manière traditionnelle en honneur au Maroc, déguster un couscous avec quelques copains ou en famille crée une joyeuse animation particulièrement recommandée un dimanche pluvieux d'hiver. Ne pas oublier d'accompagner le service d'un vin rouge un peu lourd.

La recette donnée ici est le couscous traditionnel au mouton et aux légumes, bien qu'il existe une grande variété de couscous (au poulet, aux amandes, etc.).

La préparation comporte trois étapes d'inégale longueur.

On commence tout d'abord par confectionner le bouillon de viande et de légumes. L'usage d'une grande marmite à couscous facilite les opérations mais n'est pas indispensable. Faire revenir les oignons émincés dans un peu d'huile. Ajouter ensuite le concentré de tomate et la viande coupée en morceaux que l'on fait revenir à feu vif pendant 5 à 7 minutes. Verser alors 3 litres d'eau environ et mettre tous les légumes, sauf les courgettes. Il est sage d'avoir pensé à faire préalablement tremper les pois chiches pendant plusieurs heures avec une pincée de bicarbonate de soude. Ajouter sel et épices et couvrir. Il faut compter au moins 2 heures de cuisson à petit feu. Ne pas oublier d'ajouter les courgettes une demi-heure avant de servir.

La préparation de la graine demande quelques soins attentifs. C'est d'elle que dépend, pour une large part, la qualité du couscous. Commencer par laver la semoule à l'eau froide. La verser ensuite dans la passoire du couscoussier que l'on place au-dessus de la marmite de bouillon. Couvrir. Lorsque la vapeur d'eau commence à sortir franchement par le couvercle, la semoule est prête à être "dégrainée". Cette opération essentielle consiste à séparer les grains de semoule en incorporant le beurre coupé en petits morceaux, de préférence avec les mains, jusqu'à ce que les grains de semoule se détachent les uns des autres. Il est vivement recommandé d'utiliser, comme les Marocains, du beurre rance. Il enlève à la graine de semoule sa fadeur naturelle et contribue à affiner le parfum du couscous. Saler est également important. Mouiller ensuite avec du bouillon pour permettre aux grains de bien gonfler et remettre la graine dans la passoire au-dessus du couscoussier sans oublier d'ajouter les raisins secs. Lorsque la vapeur s'échappe à nouveau du couvercle, la graine est prête à servir.

La troisième opération consiste à préparer la sauce en diluant la harissa avec une louche de bouillon.

Pour le service, choisir un grand plat creux du style de ces faïences colorées que l'on trouve au Maroc. Dresser la graine en formant un puits au centre duquel prennent place la viande et une partie des légumes. Mouiller avec du bouillon. Servir à part le reste du bouillon et des légumes, ainsi que la sauce.

Le couscous doit être dégusté lentement. C'est à lui seul tout un repas. Trop de précipitation peut entraîner une certaine sensation désagréable d'estomac gonflé sous l'effet conjugué de la semoule et du bouillon.

8 personnes

1,6 kg d'épaule de mouton, 800 g de couscous moyen, 6 carottes, 6 navets, 1 chou vert, 4 courgettes, 500 g de pois chiches, 3 branches de céleri, 1 kg de courge (facultatif), 2 oignons, 1 cuillerée à soupe de concentré de tomate, épices à couscous, 100 g de raisins secs sans pépins, 80 g de beurre (dont 40 g de beurre rance), 2 cuillerées à soupe d'huile, 2 cuillerées à soupe de harissa.

TAJINE AUX PRUNEAUX

Les Marocains ont cent manières d'apprêter le tajine, cette marmite en terre surmontée d'un couvercle conique dans laquelle on mitonne à même le feu ragoûts de viande et de légumes mélangés. Saâdia a gardé de ses origines montagnardes l'habitude d'utiliser essentiellement des fruits secs plutôt que des légumes, alliant ainsi les saveurs sucrées et salées en un savant dosage.

Facile et même amusant à réaliser, ce plat suscite généralement un tel enthousiasme que les proportions indiquées ici pour 8 personnes méritent d'être respectées.

L'épaule de mouton doit être découpée en cubes de 100 à 150 g de sorte que la viande garde à la cuisson le moelleux nécessaire.

Dans une cocotte on met les morceaux de viande à revenir avec un peu d'huile, les oignons émincés et la tomate pelée et coupée en quartiers. Faire sauter la viande pour qu'elle dore bien sur tous les côtés. On peut alors couvrir avec de l'eau à laquelle on ajoute les épices, la cannelle, un peu de sel et l'eau de fleur d'oranger.

Cuire à feu moyen jusqu'à ce que la viande soit tendre et que le jus ait bien réduit. Il convient de veiller à ce que la viande ne soit pas trop cuite. Pendant la cuisson de la viande, prélever un peu de jus de cuisson pour cuire, dans deux petites casseroles différentes, les olives dénoyautées et les raisins secs d'une part, les pruneaux d'autre part. Compter un quart d'heure de cuisson au moins.

Par ailleurs, on fait sauter les amandes dans une poêle avec un peu d'huile juste le temps nécessaire pour qu'elles blondissent.

Faire enfin durcir les œufs.

Lorsque toutes les composantes du plat sont à point, il ne reste plus qu'à les disposer, si possible dans un plat à tajine, en respectant une architecture très précise.

Dans le fond du plat, les morceaux de viande. Viennent ensuite les pruneaux, puis les raisins et les olives. Enfin, sur le dessus, les moitiés d'œufs durs et les amandes sautées. On arrose le tout avec un peu de jus de cuisson bien réduit et très chaud.

Si le tajine ne peut être servi immédiatement, il est gardé bien au chaud dans le plat en terre et peut éventuellement être réchauffé quelques minutes au moment de servir.

8 personnes

2 kg d'épaule de mouton désossée, 500 g de pruneaux, 250 g d'amandes entières, 150 g d'olives vertes, 150 g de raisins secs de Malaga (gros grains), 4 à 5 cuillerées à soupe d'huile, 4 œufs, 1 tomate fraîche, 2 oignons blancs, cannelle, épices marocaines, cumin marocain, 1 cuillerée à soupe d'eau de fleur d'oranger.

Notes personnelles :

SALADE DE RADIS A L'ORANGE

Pour compléter un repas à la marocaine, il faut goûter la fraîcheur de ces salades composées de fruits et de légumes qui évoquent immanquablement les pays du Sud. Après le feu brûlant du désert, ombre et parfum de l'oasis ! Radis ou bien carottes font avec l'orange une composition de saveur très subtile.

Les radis, équeutés et lavés, sont râpés avec une grille moyenne. Les oranges débarrassées de toutes leurs peaux sont coupées en tranches à vif que l'on peut alors séparer en quartiers.

Il est préférable de préparer la salade dans des coupes individuelles en mettant d'abord les radis, puis les morceaux d'orange. Arroser avec une bonne cuillerée de sauce composée en mélangeant un peu à l'avance le jus de citron, l'eau de fleur d'oranger, l'huile, le sel, le sucre et une pointe de poivre. Mettre au frais avant de servir.

4 personnes

1 botte de radis roses, 4 oranges, 1 citron, 2 cuillerées à soupe de sucre en poudre, 2 cuillerées à soupe d'eau de fleur d'oranger, 2 cuillerées à soupe d'huile d'arachide, 2 pincées de sel, poivre noir.

Notes personnelles :

AÏOLI

Tout seul, un mot qui sonne aux oreilles comme un éclat de rire, un mot qui traîne avec lui un parfum violent et chaud, un mot chargé de symbolique tant il s'identifie à une région, à un peuple, à une manière d'être.

L'aïoli, c'est d'abord une sauce qui peut servir d'accompagnement à de nombreux mets. C'est aussi et surtout une façon d'accommoder ensemble morue salée et légumes en un plat qui constitue à lui seul tout un repas. Déguster un aïoli le vendredi est une coutume encore très vivante dans de nombreuses familles provençales. Mais au plus fort de l'été, c'est sur les places de village, à l'ombre des platanes, qu'il faut y goûter. "Aïoli monstre" des fêtes de l'été, ces dignes héritières des antiques Bacchanales !

La morue, simplement pochée à l'eau, constitue le centre du plat. Quant aux légumes qui servent d'accompagnement, leur choix est affaire de goût et de circonstance. Pommes de terre et carottes pourront côtoyer agréablement haricots verts, artichauts et peut-être même pois chiches.

En Provence, les escargots et les œufs durs sont également traditionnels.

Légumes et morue cuits à l'eau conservent toute leur saveur lorsqu'ils sont servis tièdes.

La véritable préparation consiste à monter l'aïoli avec les jaunes d'œufs, l'ail écrasé et l'huile que l'on verse tout doucement comme pour une mayonnaise. Dès que la sauce devient trop épaisse, il ne faut pas hésiter à ajouter un petit peu d'eau tiède, faute de quoi la sauce risquerait de tourner.

La proportion d'ail indiquée ici peut paraître exagérée à qui n'a jamais goûté la morue ainsi apprêtée. Il est pourtant sage de la respecter pour obtenir un parfait équilibre entre ces deux saveurs très fortes, ail et morue, dont l'alliance est particulièrement remarquable.

6 ou 7 personnes

1 kg de morue salée, 6 pommes de terre, 7 carottes, 500 g de haricots verts, 500 g de pois chiches, 7 artichauts, 3 œufs durs.

Pour la sauce : 2 jaunes d'œufs, 12 gousses d'ail, 35 cl d'huile d'olive vierge.

Notes personnelles :

DAUBE

Est-il encore besoin d'aller en Provence pour découvrir ce que c'est que la daube ?

La manière d'apprêter le bœuf en daube est aujourd'hui si répandue par-delà les frontières du Rhône et de la Durance que chaque région, chaque maison a sa propre recette.

La vraie daube provençale, celle que l'on mitonne longuement avec amour pour célébrer les fêtes familiales et régaler ceux que l'on aime, garde la marque de la simplicité qu'elle doit à ses origines rurales. Alliance subtile des senteurs et saveurs du pays autour d'une marmite où la viande, point trop sèche ni trop grasse, devient moelleuse, onctueuse, fondante, pour tout dire caressante...

Mais si l'on préfère les goûts plus forts, il faut cuire la daube comme il est encore de tradition à Beaucaire. Les bateliers du Rhône, au soir d'une rude journée passée dans le mistral glacé, ne s'en laissaient pas conter. Ils aimaient à trouver dans leur assiette des nourritures solides, corsées, bonnes pour la soif... Ainsi, vin blanc et cognac dans la marinade, purée d'anchois et câpres ajoutés en fin de cuisson donnent à la daube un caractère plus sauvage.

Il est important de ne pas négliger de mettre la viande coupée en gros cubes, dès la veille au soir, dans une marinade faite avec vin rouge et vinaigre, carottes et oignons émincés, bouquet garni, sel et poivre, le tout arrosé d'un filet d'huile d'olive.

Au moment de cuire la viande, on fait revenir dans le fond de la cocotte les couennes de lard, les petits morceaux de poitrine salée et un oignon haché grossièrement, avec le concentré de tomate, 2 gousses d'ail écrasées et les clous de girofle. Ajouter les morceaux de viande bien égouttés et épongés que l'on fait sauter pendant quelques minutes. Mouiller avec la marinade passée au chinois et laisser bouillir à grand feu jusqu'à ce que la marinade ait réduit d'un tiers environ. On ajoute alors un bouquet garni, 4 gousses d'ail non épluchées, un petit morceau de zeste d'orange, les carottes de la marinade, les olives, les queues de persil. Compléter si besoin est avec un peu d'eau bouillante afin que le liquide arrive presque au niveau de la viande et de la garniture.

La cuisson à petit feu peut être commencée dans un autocuiseur. Au bout d'une heure et demie, verser le contenu de l'autocuiseur dans une daubière (marmite en terre un peu haute et ventrue avec couvercle) dont on colle le couvercle aussi hermétiquement que possible avec un mélange de farine et d'eau. Mettre au four et laisser cuire doucement pendant au moins deux heures.

Il faut surveiller la cuisson de temps à autre pour s'assurer que le liquide ne s'est pas trop évaporé. Pour obtenir une sauce plus onctueuse encore on peut remplacer les couennes de porc par un pied de veau qui, en cuisant, libère encore plus de gélatine. Il est parfois nécessaire de dégraisser la sauce avant de servir.

Verser la viande et sa sauce bouillante dans un plat garni de grosses pâtes cuites à grande eau salée avec un filet d'huile.

Un châteauneuf-du-pape servi à température ambiante honore particulièrement la daube.

6 personnes

1,5 kg de galinette ou culotte de bœuf, 150 g de poitrine salée, 1 bouteille de bon côtes-du-rhône rouge, ½ verre de vinaigre, 1 cuillerée à soupe de concentré de tomate, 2 carottes, 3 ou 4 couennes ou 1 pied de veau, 4 ou 5 cuillerées à soupe d'huile d'olive, 3 oignons, 4 clous de girofle, 6 gousses d'ail, 5 ou 6 queues de persil, 2 bouquets garnis, 1 zeste d'orange, 150 g d'olives noires, 500 g de grosses pâtes.

SOUPE DE PÊCHEURS

C'est la "bastarde", comme disent certains Provençaux grands manieurs d'euphémismes... C'est de bouillabaisse bâtarde qu'il s'agit, bien évidemment. Cette soupe n'est autre qu'un dérivé, riche et chic, pour gens des villes, du traditionnel bouillon de poissons cher aux pêcheurs de la côte provençale. En vraie bâtarde, elle emprunte à la bouillabaisse ce qu'elle a d'essentiel. Tout d'abord, le choix de poissons de roche sans lesquels il ne peut y avoir de bouillabaisse, puis la cuisson à grand feu avec huile d'olive, ail, fenouil et tomates, comme dans la légende...

On raconte, en effet, que la vieille Marguerite, vivant seule et pauvre, se désespérait en apprenant le retour inopiné de son fils de ne rien trouver d'autre dans sa maison pour préparer un repas qu'un peu d'huile, de l'ail, un oignon, une tomate, quelques aromates et un croûton de pain.

Deux gamins qui passaient par là entrèrent lui dire bonjour. Voyant son chagrin, ils ouvrirent tout grand le panier de poissons que le père, au retour de la pêche, leur avait confié. Emerveillée, la vieille hésite un instant puis se décide. Elle prend soin de ne choisir que les poissons pleins d'épines, ceux que la poissonnière ne pourrait pas vendre au marché. Avec fébrilité, elle s'empresse de les mettre dans la marmite avec l'huile, l'ail, les aromates, les légumes et beaucoup d'eau. Et de faire un feu d'enfer sous la marmite pour qu'ils soient bientôt cuits... Ainsi naquit la bouillabaisse, de l'imagination et de la tendresse d'une mère pour son fils. Une vraie recette de la cuisine d'amour.

Pour préparer la soupe de poissons, il est important de choisir un assortiment de poissons de roche aussi variés que possible : girelles, rascasses, grondin (galinette), saint-pierre, roucaou, congre noir (fiéla), petits crabes verts (favouilles). Mettre dans le fond de la cocotte les blancs de poireaux émincés avec un peu d'huile et laisser revenir

2 ou 3 minutes. Ajouter alors les poissons, l'ail écrasé, les tomates coupées en morceaux, le thym et le fenouil, le zeste d'orange et arroser avec l'huile d'olive. Couvrir d'eau bouillante et faire cuire à grand feu. L'huile s'incorpore ainsi parfaitement au bouillon. 15 minutes de cuisson suffisent. Ne pas oublier d'ajouter le safran quelques minutes avant la fin.

Il faut ensuite passer la soupe au moulin à légumes avec la grille la plus fine (surtout pas au mixer). La soupe est alors prête. Il ne reste plus qu'à y plonger les tranches de lotte juste avant de servir et de donner quelques minutes d'ébullition.

On peut également ajouter quelques moules que l'on aura préalablement fait ouvrir et débarrassées d'une coquille.

Servir avec une grande corbeille de tranches de pain grillé et un bol de rouille.

Pour préparer la rouille, mettre dans un bol le jaune d'œuf, l'ail écrasé, le morceau de mie de pain détrempée et essorée. Monter la sauce comme une mayonnaise en incorporant l'huile petit à petit. Ajouter le piment selon le goût souhaité, sachant que cette sauce mérite d'être relevée.

6 personnes

1,5 kg de poissons de roche, 2 poireaux, 2 tomates, 3 gousses d'ail, ½ verre d'huile d'olive vierge, thym et fenouil, zeste d'orange, safran, 2 l d'eau.

Pour la rouille : 1 œuf, 2 gousses d'ail, 100 g de mie de pain, 25 cl d'huile vierge, piment rouge.

LOUP GRILLÉ AU FENOUIL

Superbe, savoureux, délicat, le loup de la Méditerranée mérite qu'on lui réserve l'apprêt le plus simple. Une grillade au feu de bois sans autre accompagnement qu'un filet d'huile d'olive et de citron suffit à faire le bonheur des gourmets.

L'habitude s'est prise d'y associer le parfum du fenouil. Point trop n'en faut cependant... n'en déplaise à ceux pour qui, inconsciemment, cette plante aromatique évoque le souvenir de vacances à travers les routes et chemins creux de Provence où l'odeur du fenouil est si forte dans la chaleur du mois d'août.

Très prisé depuis la Rome antique où il contribuait aux fastes de la table, chez le célèbre Lucullus notamment, le loup commence hélas à devenir plus rare en Méditerranée. On importe alors son frère, le bar, pêché dans les mers nordiques. Mais celui-ci n'a peut-être pas toujours la fraîcheur nécessaire pour être grillé. Un loup pêché de la nuit n'a pas son pareil !

Il ne faut pas écailler le poisson avant de le griller. On fera simplement quelques entailles dans la peau pour le mettre à mariner pendant une demi-heure dans un peu d'huile d'olive avec sel, poivre et 3 ou 4 tiges de fenouil (le haut des tiges avec fleurs, de préférence). Avant de le poser sur le gril, garnir l'intérieur du poisson avec encore quelques tiges de fenouil. Les premières minutes de grillade exigent une forte braise pour que la chair du poisson soit bien saisie. On peut mettre à ce moment-là quelques tiges de fenouil sur la braise.

La chaleur doit ensuite être plus douce pour cuire le poisson en profondeur. Vérifier la cuisson à l'aide d'une aiguille plantée dans le corps du poisson. Lorsqu'elle ressort brûlante, le loup est prêt à servir.

On sert généralement le loup grillé nature avec un flacon d'huile d'olive et un demi-citron par convive. Certains voudront alors le flamber au pastis pour ajouter quelque panache au service. Une cuillerée de pastis suffit si l'on ne veut pas que le parfum de l'anis domine.

6 personnes

1 loup de 1,6 kg, 15 cl d'huile d'olive, 1 gros bouquet de fenouil séché, 3 citrons.

Notes personnelles :

ROUILLE DE CALMARS OU DE SEICHES

De l'embouchure du Rhône à celle de l'Hérault, il n'y a de vraie fête, qu'elle soit de la mer, des pêcheurs, des taureaux, des moissons ou autres récoltes, qui ne se célèbre sans banquet où la rouille de calmars tient lieu d'entrée en matière. C'est en réalité un solide plat, haut en goût comme diraient les auteurs spécialisés, dans lequel piment et aïoli donnent le ton et assurent très vite une chaleureuse ambiance parmi les convives. Le vin rosé frais qui l'accompagne complète la fête. Si l'on souhaite éviter de succomber à la tentation certaine d'une petite sieste, il est sage de prévoir dès la fin du repas une farandole endiablée ou quelque jeu dans les arènes avec des vachettes camarguaises...

Calmars ou blancs de seiches, le choix est affaire de goût. L'un et l'autre se trouvent facilement chez le poissonnier ou dans les supermarchés, au moins sous forme congelée.

Coupé en morceaux, le calmar est tout d'abord mis à revenir dans une cocotte avec un peu d'huile, 1 oignon émincé et 3 ou 4 tomates coupées en petits morceaux. Lorsque le tout est bien revenu, mouiller avec le vin blanc et une égale quantité d'eau bouillante.

L'assaisonnement est fait de piment, thym, laurier, sel et poivre. Les calmars doivent mijoter doucement pendant 30 à 45 minutes jusqu'à ce que les morceaux deviennent très tendres. Les pommes de terre qui complètent obligatoirement le plat traditionnel doivent être fondantes. Il est préférable de commencer à les cuire à la vapeur pendant dix minutes dans l'autocuiseur, puis de les ajouter, coupées en quartiers, dans la cocotte où elles finiront de cuire.

Au moment de servir, verser l'aïoli pour obtenir une sauce onctueuse qui doit enrober tous les morceaux de calmars et de pommes de terre. On compte environ 2 cuillerées à soupe d'aïoli par personne. S'assurer que le plat n'a pas, en fin de cuisson, une trop grande quantité de liquide. Surtout ne pas remettre sur le feu et servir aussitôt. Il est conseillé, avant de servir, de retirer les petits piments pour éviter quelque grimace douloureuse sur le visage de celui qui viendrait par mégarde à les croquer. Aux lieu et place des pommes de terre, on pourra préférer un accompagnement de riz créole malgré tout moins rustique.

On peut également consommer la rouille de calmars, comme cela se fait sur le port de Sète, dans une tourte de pâte brisée.

6 personnes

1 kg de calmars, 8 pommes de terre, 1 oignon, 3 tomates fraîches, 3 cuillerées à soupe d'huile d'olive, 30 cl de vin blanc, 2 piments, thym et laurier.

Pour l'aïoli : 2 jaunes d'œufs, 2 gousses d'ail, 1/3 l d'huile.

Notes personnelles :

EN GUISE DE CONCLUSION, PETIT GLOSSAIRE DES ÉPICES ET AROMATES*

AIL

Toujours et partout, le premier des aromates utilisé en cuisine pour ses multiples vertus aussi bien thérapeutiques que gastronomiques. L'appellation de rose puante que lui donnèrent les Grecs ne résume-t-elle pas, à elle seule, toutes les qualités contradictoires de cet accessoire, souvent indispensable, de la bonne cuisine ?

EMPLOI : Toutes sortes de viandes (mouton notamment), de légumes (salades, pois chiches, tomates, etc.) et potages, champignons frais ou secs, courts-bouillons et marinades, etc.

PROPRIÉTÉS : Hypotenseur, expectorant pour combattre les effets nocifs du tabac, antiseptique** , stimulant et vermifuge.

ANIS VERT

Son arôme légèrement sucré fait rechercher les fruits de cette petite ombellifère que l'on cultive dans tout le Sud de l'Europe pour parfumer pâtisseries et liqueurs. Depuis l'illustre Taillevent, sa saveur est associée à celle du pain d'épice.

EMPLOI : Pâtisseries et liqueurs, poissons en court-bouillon ou marinés.

PROPRIÉTÉS : Stimulant digestif mais toxique à haute dose. Antispasmodique, les anciens l'employaient pour calmer les crises d'hystérie.

* A l'intention de tous ceux qui aiment à connaître les qualités gastronomiques et médicinales essentielles des principales sortes d'épices et plantes aromatiques dont le bon usage en cuisine réserve un plaisir sans cesse renouvelé.

** C'est depuis la grande peste de Marseille en 1720 que les Provençaux ont pris l'habitude d'utiliser largement l'ail en cuisine en raison de ses vertus antiseptiques.

BADIANE* OU ANIS ÉTOILÉ

Fruit d'un arbre exotique, le badanier, cultivé dans le Sud de la Chine. Les Chinois aiment à le mélanger au gingembre dans des infusions particulièrement tonifiantes, tandis qu'en Inde, il entre dans la composition de la poudre de curry.

EMPLOI : Pâtisseries, tisanes, viandes ou ragoûts.

PROPRIÉTÉS : Analogues à celles de l'anis vert.

BASILIC

C'était jadis l'Herbe royale. Plante sacrée chez les Hindous dans le culte à Vichnou, elle était utilisée dans l'ancienne Egypte pour les embaumements tandis que les Grecs en faisaient un symbole de deuil. Chez nous certains l'appellent encore l'oranger des savetiers. Il est apprécié en cuisine et en parfumerie pour son arôme d'estragon citronné. Cultivé en pot, pour être utilisé de préférence lorsqu'il est frais, il fait une jolie plante d'agrément qui embaume la cuisine ou le jardin.

EMPLOI : Salades, tomates, soupe de légumes, pâtes.

PROPRIÉTÉS : Antispasmodique et sédatif dont certains préconisent l'emploi en infusion pour combattre les spasmes gastriques, les vertiges, les migraines d'origine nerveuse et l'insomnie.

CANNELLE ou CINNAMONE

Ecorce desséchée d'un petit arbre tropical. Celle venue de Ceylan est réputée la meilleure. Elle fit d'ailleurs la fortune de l'île au XVIIIe siècle. Connue depuis les âges les plus reculés, elle fut longtemps considérée comme l'une des épices les plus précieuses.

* C'est l'étoile à huit branches (du chinois *Ba Jias* ou huit cornes).

EMPLOI : Entremets, marmelades et compotes de pommes, de pruneaux ou de poires, beignets et crêpes, semoule de couscous, vin chaud, salades de fruits.

PROPRIÉTÉS : Stimulant du système respiratoire et circulatoire. Prévention de la grippe (vin à la cannelle), aphrodisiaque (muscat de Frontignan ayant macéré 6 jours avec 30 g de cannelle et 15 g de vanille à raison d'un demi-litre de vin muscat).

CARDAMOME

Petites graines brunes très parfumées contenues à l'intérieur d'une capsule à trois bourrelets provenant de longues herbes que l'on trouve à l'état sauvage en Inde, à Ceylan, et dans le Sud de la Chine. Très appréciée dans les temps anciens pour son odeur très forte et la saveur chaude et pénétrante de son arôme, cette épice est aujourd'hui un peu délaissée dans notre cuisine alors qu'elle fait merveille dans les différentes préparations culinaires des pays d'Asie du Sud-Est.

EMPLOI : Risotto, volailles, poissons.

PROPRIÉTÉS : Mâchonner quelque graines de cardamome suffit à neutraliser l'odeur d'ail qui imprègne l'haleine.

CERFEUIL

Plante aromatique des jardins, dite feuille de Cérès, dont les Romains réservaient l'usage aux repas dédiés à Cérès, déesse des moissons. C'est l'une des fines herbes particulièrement appréciée en cuisine pour l'arôme délicat dégagé par l'huile volatile qu'elle contient. Doit s'employer crue, hachée menue et non écrasée.

EMPLOI : Salades, omelettes, potages.

PROPRIÉTÉS : Rafraîchissant, apéritif, remède contre les rides, selon la recette utilisée par Ninon de Lenclos qui garda ainsi, dit-on, le teint frais jusqu'à 80 ans passés.

CIBOULETTE

Appelée encore cive, ognonette ou appétit, elle fait partie elle aussi des fines herbes qui s'emploient toujours crues. Archestrate, le célèbre gastronome de la Grèce antique, met la ciboulette au rang des condiments que tout cuisinier doit toujours avoir sous la main.

EMPLOI : Salades, omelettes, potages, sauce verte, fromage blanc, pommes de terre à la crème.

PROPRIÉTÉS : Stimule la digestion à condition de ne pas en abuser.

CORIANDRE

C'est le persil si prisé en Egypte, dans les pays du Maghreb et en Chine. Plante aromatique quelque peu contradictoire, la coriandre fraîche a une odeur rappelant celle de la punaise tandis que le parfum de ses fruits, semblables à des grains de poivre, est d'une saveur délicieuse en cuisine.

EMPLOI : Viandes, gibier et charcuteries, champignons à la Grecque, cornichons, courts-bouillons.

PROPRIÉTÉS : Facilite la digestion, mais, dit-on aussi, chasse les idées noires et combat la fatigue cérébrale. Comme la cardamome, la coriandre lorsqu'elle est mâchonnée purifie l'haleine chargée d'ail.

CUMIN

Plante orientale très ancienne dont l'odeur se rapproche de celle du fenouil. C'est le faux anis très en vogue chez les Romains du Bas-Empire à cause de ses propriétés digestives, et que l'on utilise encore tout particulièrement dans les pays nordiques.

EMPLOI : Pain, pâtisseries, fromages, choucroute, ragoûts de viande, haricots secs, pâtisseries orientales.

PROPRIÉTÉS : Facilite la digestion des mets un peu lourds.

CURCUMA

Rhizome ressemblant à celui du gingembre, de couleur jaune à l'intérieur, très répandu en Inde et en Indonésie où il est utilisé notamment pour la teinture de la laine et de la soie. Appelé aussi safran des Indes, il donne au curry sa couleur jaune. Il n'a plus chez nous en cuisine la faveur dont il jouissait au XVIIe siècle.

EMPLOI : Cuisine créole (le colombo), riz, viandes blanches, poissons.

PROPRIÉTÉS : Excite les fonctions digestives et diurétiques.

CURRY

Assaisonnement indien composé de plusieurs épices associées en un savant dosage au nombre desquelles figurent notamment le curcuma, le piment, la coriandre, la cardamome, la muscade et l'anis étoilé.

EMPLOI : Riz, poulet, viande de porc et de mouton, poissons.

PROPRIÉTÉ : Toutes celles des épices qui le composent.

ESTRAGON

Herbe-dragon, dragonne ou serpentine, autant d'appellations belliqueuses données au fil des âges à cette plante aromatique originaire des plaines de Sibérie et de Russie méridionale. Elle est venue jusqu'à nous à travers le Proche-Orient d'où elle fut ramenée, dit-on, par les Croisés. C'est un aromate si complet qu'il peut à lui seul remplacer le sel, le poivre et le vinaigre.

EMPLOI : Salades, omelettes, poulet, blanquette de veau, sauce béarnaise, vinaigre, crustacés.

PROPRIÉTÉS : Excite l'appétit et stimule la digestion, recommandé pour l'assaisonnement d'un régime sans sel.

FENOUIL

Grande ombellifère que l'on trouve à l'état sauvage sur tous les terrains secs et pierreux des régions méditerranéennes dont il embaume la campagne au mois d'août. Il ne se doit ramasser qu'à la Saint-Michel, le 29 septembre, lorsqu'il est parfaitement mûr.

EMPLOI : Poissons grillés, courts-bouillons, escargots, olives, légumes secs, châtaignes bouillies, cornichons en conserve.

PROPRIÉTÉS : Stimulant de l'appareil digestif.

GENIÈVRE

Petit conifère de la famille du cyprès très répandu dans les pays d'Europe. Les baies de genièvre, de couleur bleu prune lorsqu'elles sont mûres, ont une saveur aromatique un peu âcre très prisée des amateurs de chou et buveurs de gin.

EMPLOI : Choucroute, chou vert, marinades, pâté de grive, cailles, jambon fumé, liqueurs.

PROPRIÉTÉS : Tonique, dépuratif, diurétique. En fumigations, combat le rhume de cerveau.

GINGEMBRE

Rhizome d'une plante tropicale que l'on trouve en Inde, à Ceylan et en Chine comme dans la plupart des pays de l'Asie tropicale, ainsi qu'aux Antilles. Le gingembre confit a toujours été l'une des passions des Chinois. Les Anglais mettent du gingembre partout, dans la bière (ginger ale), dans la pâtisserie, les pickles, etc. En France, on redécouvre le gingembre, alors qu'au Moyen Age il était très prisé et recherché en particulier pour préserver de la peste et de l'hystérie.

EMPLOI : Poissons, volailles, pâtisseries (pain d'épice notamment), confiserie.

PROPRIÉTÉS : Facilite la digestion. En friction externe, soulage les douleurs rhumatismales. Aphrodisiaque recherché.

GIROFLE

Le bouton floral du giroflier cueilli avant que la fleur ne s'épanouisse, dit clou de girofle, reste l'une des épices parmi les plus réputées de tous les temps. C'était au Moyen Age un produit de grand luxe en France réservé aux préparations d'apothicaires en raison de son prix élevé. Aux îles Seychelles, principal pays producteur, on en parfume aujourd'hui même les cigarettes !

EMPLOI : Bœuf en daube, civets, gibier, blanquette de veau, pot-au-feu, choucroute, courts-bouillons et marinades, vin aromatisé.

PROPRIÉTÉS : Analgésique dentaire, antiseptique, base de nombreux parfums.

LAURIER-SAUCE

C'est l'un des arbres les plus célèbres des jardins méditerranéens. Il couronnait les poètes grecs. Les empereurs romains triomphants s'en faisaient tresser des couronnes, tandis que les apothicaires du Moyen Age le considéraient comme une véritable panacée, un remède absolu contre toutes sortes d'affections. La feuille du laurier d'Apollon, dit encore laurier noble, triomphe aujourd'hui en cuisine où elle compose avec le thym et parfois aussi le romarin ce bouquet garni indispensable à de nombreuses préparations.

EMPLOI : Sauces, marinades, courts-bouillons, tomates, aubergines, civets, viandes en ragoût, pot-au-feu, etc.

PROPRIÉTÉS : Stimule l'appétit et combat les fermentations. Bains et pommades antirhumatismaux.

MARJOLAINE

Cultivée en France depuis le XVI*e siècle, elle n'est autre, à l'état sauvage, que l'origan, ce thym des bergers que l'on trouve un peu partout dans les terrains secs et incultes des régions méridionales. Au parfum de son arôme, s'ajoute la poésie de son nom qui le fait choisir parfois aujourd'hui comme prénom féminin.*

EMPLOI : Salades de tomates, sauce tomate, pizza, viande de mouton, terrine de volailles.

PROPRIÉTÉS : Sédatif recommandé pour combattre les mauvaises digestions, l'insomnie (infusion) et le rhume de cerveau (inhalation).

MENTHE

L'ancienne baume des jardins, dite menthe verte, se distingue de la menthe poivrée. Cette dernière, dont la saveur est plus forte et piquante, est particulièrement prisée des Anglais qui se damneraient pour une pipermint sauce. *La menthe verte et, plus encore, la menthe Pouliot qui pousse à l'état sauvage dans tout le bassin méditerranéen, sont particulièrement recherchées pour leurs vertus aphrodisiaques.*

EMPLOI : Salades, fromage blanc, viande de mouton et de porc, sauce verte, thé vert.

PROPRIÉTÉS : Stimule l'appareil digestif, excite le système nerveux, combat la toux et l'enrouement de la voix.

MUSCADE

On voit rarement l'enveloppe ligneuse qui entoure la noix de muscade, ce noyau du fruit que porte le muscadier cultivé à Ceylan et aux Antilles. Recherchée pour son arôme particulièrement fin, la noix de muscade devient toxique en grande quantité. "Une noix est salutaire, la deuxième est nuisible, la troisième tue", disaient les apothicaires du Moyen Age.

EMPLOI : Sauce blanche, purée de pommes de terre, épinards, féculents, blanquette de veau, boudin, punch.

PROPRIÉTÉS : Stimule l'appétit, facilite la digestion des mets un peu lourds, combat les douleurs rhumatismales (frictions de beurre de muscade).

PERSIL

Cette plante potagère est aujourd'hui si en vogue que le marchand de légumes en offre souvent un petit bouquet pour garnir le dessus du panier. Connaît-on seulement sa richesse en vitamines, sels minéraux et oligo-éléments ? Selon les spécialistes, la ration quotidienne nécessaire à l'organisme en vitamine A est contenue dans 5 g de persil frais, et celle de vitamine C dans 30 g...
Voilà de quoi rassurer ceux et celles qui ne font pas confiance à leur intuition.

EMPLOI : Salades, sauces, sauce verte, omelettes, moules marinières, escargots, tomates et tous autres plats qui aiment à s'accompagner d'une persillade.

PROPRIÉTÉS : Réputé pour embellir le teint et faire disparaître les taches de rousseur.

PIMENT

Découvert en même temps que l'Amérique par les hommes de Christophe Colomb, c'est le chile *des Indiens d'Amérique centrale. Il en existe plusieurs variétés, de saveur plus ou moins forte, selon leur origine. Celui de Hongrie, le paprika rouge, est plus doux, tandis que le petit piment rouge d'Espagne ou encore le poivre de Cayenne ont une saveur âcre et brûlante.*

EMPLOI : Sauces, ratatouille, couscous et cuisine exotique.

PROPRIÉTÉS : Stimulant, tonique, aphrodisiaque, mais susceptible de provoquer à haute dose des inflammations gastro-intestinales et rénales.

POIVRE

Vert, noir, blanc ou rose, le poivre reste la plus ancienne et la première des épices. Il était si prisé des anciens que lors de la chute de l'empire romain, les barbares exigèrent que leur tribut soit payé en livres de poivre et non en pièces d'or.

Sa couleur comme son arôme se modifient selon le degré de maturité de la graine au moment où elle est cueillie. L'arôme le plus fin et le plus fruité est celui du poivre blanc et du poivre rose, l'un et l'autre cueillis à maturité totale ne se distinguant que lorsqu'on a débarrassé le poivre blanc de son enveloppe extérieure rougissante.

EMPLOI : Tous assaisonnements de viandes, poissons ou légumes, courts-bouillons et marinades.

PROPRIÉTÉS : Stimulant de l'estomac, tonique et bien sûr aphrodisiaque.

ROMARIN

Plante aromatique des jardins méditerranéens chantée par les troubadours et les poètes, le romarin fut popularisé au XVIe siècle par la fameuse Eau de la reine de Hongrie, *véritable eau de jouvence dans laquelle des générations successives de jolies femmes mirent, à tort ou à raison, tous leurs espoirs.*

C'est peut-être la raison pour laquelle les Anglais en font un de leurs prénoms féminins favoris, Rosemary. *Son arôme, plus fort que celui du thym, le fait préférer pour les grillades. Un pot de romarin posé sur le rebord d'une fenêtre éloigne les moustiques qui n'apprécient guère son odeur camphrée.*

EMPLOI : Viande de mouton grillée, brochettes, marinades, civets, aubergines, tisanes.

PROPRIÉTÉS : Action stimulante sur le foie (tisanes), améliore la circulation du sang et combat le surmenage physique et intellectuel.

SAFRAN

Cultivée sur les pourtours du bassin méditerranéen, cette épice qui atteint aujourd'hui des prix diaboliques est réalisée à partir des stigmates séchés que l'on extrait du pistil d'une fleur de crocus violette. Il ne faut pas moins de 120 000 fleurs pour obtenir un kilo de poudre de safran ! Moins en vogue que dans le passé, l'arôme du safran demeure néanmoins indispensable à certaines préparations culinaires, telles que la bouillabaisse ou la paella.

EMPLOI : Riz, bouillabaisse, paella, sauces pour poissons ou viandes.

PROPRIÉTÉS : Narcotique léger qui rend joyeux, certains en recommandent l'usage aux mélancoliques et aux hypocondriaques.

SARRIETTE

*Appelée poivre d'âne en Provence (*pebre d'ase *ou* pebre d'aï*), herbe de Saint-Julien ailleurs, cette plante aromatique qui embaume les garrigues méditerranéennes est plus rare que le thym mais de saveur plus fine aussi.*

On prétend que son nom serait dérivé étymologiquement du mot satyre par référence à la réputation d'aphrodisiaque attachée à la sarriette comme à tant d'autres épices ou aromates.

EMPLOI : Viande de porc et de mouton, gibier, lapin, marinades, légumes secs, fromage de brebis et de chèvre.

PROPRIÉTÉS : Antiseptique, favorise les digestions difficiles et empêche les fermentations intestinales.

SAUGE

C'était l'Herbe sacrée des Anciens, c'était l'herbe qui, dans la haute antiquité égyptienne, était réputée rendre les femmes fécondes et guérir de la peste, c'est encore l'herbe qui sauve (salvia), c'est le thé de Provence et de Grèce, c'est de tout temps cette plante aromatique indispensable à de nombreuses préparations culinaires. Les Chinois en étaient si friands que, dit-on, ils étaient prêts à échanger plusieurs corbeilles de feuilles de thé contre une seule caisse de sauge.

EMPLOI : Viande de porc, gibier, marinades, poissons au four, tomates, courgettes, pommes de terre, pois cassés, soupe à l'ail, tisanes.

PROPRIÉTÉS : Excellent tonique des voies digestives et du système nerveux, combat la dépression physique et morale.

THYM et SERPOLET

Très proches l'une de l'autre, en botanique comme en cuisine, ces deux plantes aromatiques poussent à l'état sauvage dans toutes les collines rocailleuses du bassin méditerranéen. Les lapins de garenne préfèrent les fleurs de serpolet tandis que l'arôme plus fort du thym le désigne pour composer ce traditionnel bouquet garni indispensable à tant de plats cuisinés. Néanmoins, les infusions de fleurs de serpolet que l'on recommande aux intellectuels sédentaires après les repas pour vaincre la somnolence sont plus agréables que celles de thym.

EMPLOI : Viandes en sauce, grillades, pot-au-feu, civets, lapin, marinades et courts-bouillons, soupe de poissons, légumes secs, ratatouille, tomates, tisanes.

PROPRIÉTÉS : Antiseptique, tonique, empêche les fermentations, stimule l'appétit et excite l'intelligence.

VANILLE

Fruit allongé en forme de gousse que l'on cueille encore vert sur une orchidée grimpante, le vanillier, dont les lianes géantes affectionnent particulièrement les forêts vierges de l'Amérique tropicale. L'arôme délicat ne se développe que lorsque la gousse, en séchant, devient brun foncé et prend un aspect givré dû aux cristaux de vanilline

qui se forment à sa surface. Telle est la vanille légitime, alors que la vanille dite bâtarde, plus courte et surtout moins aromatisée, ne givre pas.
Le fruit contient une multitude de graines microscopiques, imperceptibles à l'œil quand on l'ouvre, mais qui ne manquent pas de se détacher dès qu'on chauffe la gousse dans la crème. Il faut donc bien se garder de fendre en deux une gousse de vanille, sinon il serait ensuite impossible de débarrasser la crème de la multitude de points noirs dont elle serait tachée.

EMPLOI : Crèmes, entremets, pâtisseries, compote de fruits et toutes sortes de douceurs.

RÉPERTOIRE DES RECETTES

ENTRÉES CHAUDES ET FROIDES

LÉGUMES ET ACCOMPAGNEMENTS

POISSONS ET CRUSTACÉS

VIANDES ET VOLAILLES

DESSERTS ET DOUCEURS

TABLE ALPHABÉTIQUE

TABLE DES MATIÈRES

BABEL

Extrait du catalogue

438. GÉRARD DE CORTANZE
Les Vice-Rois

439. ALICE FERNEY
Grâce et dénuement

440. ANNE-MARIE GARAT
L'Insomniaque

441. FÉDOR DOSTOÏEVSKI
Humiliés et offensés

442. YÔKO OGAWA
L'Annulaire

443. MENYHÉRT LAKATOS
Couleur de fumée

444. ROGER PANNEQUIN
Ami, si tu tombes

445. NICOLE VRAY
Monsieur Monod

446. MICHEL VINAVER
Ecritures dramatiques

447. JEAN-CLAUDE GRUMBERG
Un chat dans la gorge

448. VASLAV NIJINSKI
Cahiers

449. PER OLOV ENQUIST
L'Extradition des Baltes

450. ODILE GODARD
La Cuisine d'amour

COÉDITION ACTES SUD – LEMÉAC

Ouvrage réalisé
par l'Atelier graphique Actes Sud.
Achevé d'imprimer
en août 2000
par Bussière Camedan Imprimeries
à Saint-Amand-Montrond (Cher)
sur papier des
Papeteries de Jeand'heurs
pour le compte
d'ACTES SUD
Le Méjan
Place Nina-Berberova
13200 Arles.

N° d'éditeur : 3939
Dépôt légal
1re édition : octobre 2000
N° impr. : 004051/1